MAPA
DEL
ALMA:
PERSONA
NUESTRAS MUCHAS CARAS

Una Guía

MURRAY STEIN
En colaboración con
Leonard Cruz y Steve Buser

CHIRON PUBLICATIONS • ASHEVILLE, N.C.

Para *BTS*

www.ChironPubications.com

Diseño interior por Danijela Mijailovoc
Diseño de cubierta por Claudia Sperl
Traducido al Español por Amelia Herrera, Analista Junguiana SCPA – IAAP

Impreso por primera vez en los Estados Unidos de América
ISBN 978-1-63051-788-5 libro de bolsillo
ISBN 978-1-63051-789-2 tapa dura
ISBN 978-1-63051-790-8 electrónico
ISBN 978-1-63051-791-5 edición limitada rústica

Librería del Congreso. Catálogo-en-publicación
Fecha pendiente

Especiales agradecimientos
a *ARMY* Carla de *BTS*
y a *BTS* por acercar la
Psicología Junguiana
a una nueva generación.

Contenidos

Prefacio del autor   9

Notas sobre las Letras del Álbum de BTS, Mapa del
Alma: Persona   11

Introducción del Editor   29

Capítulo 1: Pensamientos Iniciales   49

Capítulo 2: *Persona*   51

Capítulo 3: *Sombra*   59

Capítulo 4: Ego   65

Capítulo 5: Ego, Sextante de la Vida Psíquica   71

Capítulo 6: Mapas, Percepción & Apercepción   75

Capítulo 7: Rupturas & Mitad de la Vida   79

Capítulo 8: Signos y Símbolos   89

Capítulo 9: Tu Cara, Tu Nombre, Tu Sí Mismo   93

Capítulo 10: Inconsciente Personal y Colectivo   97

Capítulo 11: Individuación: Encontrando tu Camino   101

Capítulo 12: Complejos   103

Capítulo 13: Ámate a Ti Mismo, Conoce tu Nombre,
Háblate a Ti Mismo   107

Epílogo   113

Notas finales   119

Prefacio

Persona

En las culturas tradicionales se les asigna a los jóvenes un rol de *persona* y se les pide que se ajusten a él. Es parte de la iniciación en la vida social. Una *persona* requiere adaptarse a las imágenes ofrecidas por la familia y la sociedad y tiende a permanecer igual durante toda la vida. Si eres un príncipe o un mendigo, permaneces en esa *persona*. La *persona* te pone en una categoría social –hombre o mujer, aristócrata o plebeyo, hermano/a mayor o menor. Hoy en día, sin embargo, la formación de la *persona* es, en general, más individualizada y, por lo tanto, más desafiante. La gente tiene que crear una *persona* para sí misma, una que se adapte a sus necesidades específicas y exprese su personalidad individual en el momento presente. Más aún, dado que las necesidades de las personas cambian y sus personalidades maduran, la *persona* también debe ser modificada en consecuencia. El manejo de la *persona* en el mundo moderno es un asunto mucho más demandante y complejo de lo que fue en el pasado.

La *persona* es un tipo de máscara. Esconde partes del sí mismo[1] que tú no quieres que sean vistas por otros y también expresa quién sientes que eres tú en el momento presente. Las *personas* son creadas al elegir un estilo de vida, por las ropas, el

---

[1]N.T. La palabra *self*, escrita con minúscula, se puede mantener igual en español, o traducirla por *sí mismo o ser*. Las tres acepciones serán usadas en esta traducción.

peinado y los adornos: joyas, tatuajes o piercings, por el maquillaje, por el perfume y por la relación con amigos, la elección de una profesión, o fan club o partido político. La *persona* también incluye el comportamiento y se juega en roles que dicen quién eres tú para otros y con otros. Pero no dice quién eres cuando estás solo. Y de ninguna manera es todo lo que tú eres. El "mapa del alma" muestra un territorio mucho más grande y más complejo.

T.S.Eliot, uno de los más famosos poetas ingleses del siglo XX, escribió que cada gato tiene tres nombres: el nombre que todo el mundo conoce, el nombre que sólo los amigos íntimos y la familia del gato conocen y el nombre que sólo el gato conoce. Cuando ves a un gato sentado solo y mirando a lontananza, ¿qué está haciendo? Está meditando en el nombre que sólo él sabe, el nombre secreto, singular, único, misterioso que permanece escondido de todos.

Como humanos, también tenemos tres nombres: el nombre que todos conocen, aquel que es la *persona* pública; el nombre que sólo tus amigos íntimos y tu familia conoce, el cual es tu *persona* privada; y el nombre que sólo tú conoces, el cual se refiere a tu ser más profundo. Muchas personas conocen el primer nombre y algunas conocen el segundo. ¿Sabes cuál es tu nombre secreto, tu nombre individual, singular, único? Este es un nombre que te fue dado antes de que fueras nombrado por tu familia o por tu sociedad. Este es el nombre que jamás deberías perder u olvidar. ¿Lo conoces? Si no lo conoces, ¿cómo puedes descubrirlo? Este tesoro puede ser difícil de encontrar. La meta de la individuación es encontrarlo, reclamarlo y aferrarse a él, sin importar cuántas veces tu *persona* pueda cambiar en el curso de tu vida.

Murray Stein
12 de Abril, 2019, Goldiwil, Suiza

Notas sobre las Letras del Álbum de BTS, *Mapa del Alma: Persona*

Reflexiones del Dr. Murray Stein

Este capítulo está adaptado de una entrevista de Murray Stein hecha por Laura London en el podcast *Hablando de Jung: Entrevistas con Analistas Junguianos*, episodio #44.

Hay siete canciones en el álbum *Mapa del Alma: Persona*. Me gustaría comentar acerca de la letra de cada una de ellas e intentar rastrear un tema o un hilo conductor que pase por todas ellas. Creo que hay una línea de desarrollo que cruza estas canciones, desde la número uno hasta la número siete. Pero también tenemos que reconocer que estoy trabajando con traducciones de la letra, por lo que me puedo estar perdiendo algunos matices sutiles del lenguaje original.

Dicho eso, creo que todavía podemos darle un sentido al álbum. Tiene un título: *Mapa del Alma: Persona*. El término *persona* es bien conocido entre los Junguianos. Después de este álbum que ya ha vendido millones de copias, es posible que el término *persona* se extienda en la cultura y la gente lo use más a menudo de lo que lo hacía antes. Es una palabra latina que significa la *máscara* que los actores usaban en escena. Hay una sugerencia a lo teatral cada vez que tratas con *persona*. Todos somos actores en el escenario de la vida y algunos de nosotros somos un poco más teatreros que otros. Aún los introvertidos más apartados tienen una *persona* cuando salen de su escondite y enfrentan al resto del mundo. Entonces, la máscara, o la *persona*, es aquello que tenemos entre nosotros mismos, nuestra subjetividad y el mundo social y colectivo que nos rodea.

También estoy pensando que este es el comienzo de una serie de parte deBTS; que *Persona* será el álbum inicial en una serie de muchos. No sé cuántos, pero esperaría tres o cuatro tal vez, que llevarán a su audiencia a otros niveles de la psique humana y sus muchas facetas y complejidades. *BTS* está empezando a hablar de estas facetas de nuestra personalidad. Todos sabemos, intuitivamente, que somos diferentes frente a personas distintas. Si eres un profesor, un doctor o un bombero, tienes una *persona* cuando estás en el trabajo que es diferente a la persona que eres cuando te vas a casa y juegas con tus hijos, o conversas con los vecinos, o con tu madre o con tu padre. Somos personalidades diferentes en situaciones diferentes. Eso no significa que seamos personas totalmente distintas, sino que tenemos diferentes caras, aspectos diferentes.

La manera en que entiendo a *BTS*, habiendo visto sus videos, es que estos siete jóvenes representan distintos aspectos de una sola personalidad. Esa es, al menos, la forma en que yo voy a pensarlo en mi interpretación. Estamos hablando de una misma persona con diferentes caras. Algunos son un poco más serios. Algunos más entretenidos. Algunos son más bonitos que otros. Tienen el pelo de distintos colores. Algunos sonríen más que otros. Entonces, cuando RM canta la primera canción, *Persona*, y se pregunta "quién soy" una pregunta que él dice que ha tenido durante toda su vida, vemos a los otros seis miembros bailando alrededor de él. Son otros aspectos. Él es la voz, pero los otros son diferentes caras de la personalidad. Estas canciones son una expresión de una personalidad singular con diferentes aspectos y diferentes personas.

Estas son canciones de añoranza y lucha por la autenticidad. Uno siente a esta personalidad luchando por decir algo, por llegar a un acuerdo consigo mismo y con quién es y qué es. Hay cantos de amor, esperanza y sueños, también de desesperación. Existe un profundo sentimiento de ser una celebridad y los problemas que esto produce con la inflación y la duda personal. Hay una búsqueda de un lugar de quietud y verdad. Es punzante. Siento que esta personalidad está luchando con temas que han surgido en su vida en virtud a su gran talento y su fama actual, pero que no satisfacen todas sus necesidades. Satisfacen sus ambiciones, pero también lo dejan sintiéndose vacío a veces.

Está luchando con una multitud de imágenes de sí mismo, con muchas voces y demandas de ser esto o aquello, o con presiones para cambiar. Me imagino que estos cantantes realmente enfrentan esas demandas cuando emergen en la escena internacional desde sus casas Coreanas, cuando experimentan todo tipo de presiones para decirlo de esta manera o hacerlo de esa manera. Hay muchos escritores involucrados en estas canciones. ¿Es que los cantantes están de acuerdo con todo lo que los escritores están poniendo en sus bocas? Tal vez tengan alguna objeción a algunas cosas. Tal vez están haciendo un rol del cual tienen algunas dudas. De manera que estoy tratando de ver a través de la presentación en escena quién es la persona que nos habla y nos entretiene.

Es muy tentador, por supuesto, que si tienes una audiencia que espera un cierto tipo de actuación, darle precisamente eso, lo que *BTS* puede hacer muy bien. Pero cuando se van a casa después del show, uno se pregunta cómo se sentirán. Eso es lo que se expresa en estas canciones. Hay mucha introspección y auto-evaluación y mirar detrás de las máscaras. Están haciendo una confesión en el escenario, aunque al mismo tiempo nos están entreteniendo. Eso es lo que lo hace tan interesante. Nos presentan una persona muy estimulante, pero hay algo más en el fondo de lo cual también están cantando.

Canción # 1 Intro: Persona

La primera canción es titulada *Intro: Persona* por RM. Parece ser principalmente acerca del lado sombra, ese que uno esconde de los otros. RM canta de esconder su ansiedad, la cual lo lleva a estar indeciso. Pero luego es capaz de hacerse amigo con su indecisión. Este es un buen movimiento, tomar tu sentimiento, aceptarlo y no permitirle que te detenga, sino reconocerlo y sostenerlo en cualquier cosa que estés haciendo.

Cuando él habla más adelante de cuando uno está borracho, él está hablando de inmadurez y como también tratamos de esconder esta inmadurez. A menudo es una sensación de inadecuación o tontería la que escondemos en esos momentos. Su *persona* máscara lo hace sentirse intranquilo mientras trata de esconder la inmadurez que viene con su juventud. La letra entonces cambia a una letanía de cómo él no es lo suficientemente bueno.

Muchas personas tienen el mismo sentimiento cuando son repentinamente ascendidas a una posición que es un poco más alta de la que han ejercido, ya sea en los negocios, en lo académico o en lo profesional. Pueden sentir que están fingiendo, o no están realmente a su altura y, entonces, tienen que pasar por ahí engañando. Muchos profesionales han confesado que se sienten como impostores. Esto es como cuando él canta acerca de esconder su inmadurez. Está ahí en el escenario, actuando extremadamente bien y, sin embargo, está temeroso de que esto tal vez sea más de lo que él puede manejar.

Entonces, eso es lo que la máscara está escondiendo. Pero luego dice: "Hay algo que me levanta nuevamente." Eso llamó mi atención. ¿Qué es aquello que lo levanta nuevamente? Hay una especie de sensibilidad o susceptibilidad religiosa que está funcionando. Esa frase es casi bíblica: "Él me ha levantado nuevamente". En la psicología Junguiana le llamaríamos a eso *el Self*. El *Self* es el núcleo de tu ser. Es quien tú fuiste desde el día en que naciste, o aún antes de nacer, y es el último recurso de la psique. Cuando estás con el ánimo bajo, existe este tipo de fuente de energía, de inspiración, que te levantará nuevamente y te dará una nueva oportunidad y un nuevo día. Este tema aparece en muchas de sus canciones.

Más adelante, en esta primera canción él exclama: "¡¿Dónde está tu alma?!" y "¡¿Dónde está tu sueño?!" Luego proclama: "Mi nombre es R" y "Ya no estoy más avergonzado. Este es el mapa de mi alma."

La exclamación: "Dónde está tu alma" es un eco de la experiencia de la mitad de la vida de Jung cuando estaba escribiendo el *Libro Rojo*. El *Libro Rojo* fue publicado en 2009, casi cien años después que Jung lo escribió. Curiosamente, el *Libro Rojo* empieza, igual como empieza esta serie de canciones, con Jung exclamando: "¡¿Dónde está mi alma? Dónde está mi sueño?!" Jung se sumerge en imágenes de estar en el desierto, lo cual aparece en las canciones de *BTS* también. Uno está en el desierto antes que el alma responda. Cuando el alma al fin se le aparece en el desierto, primero es una voz y luego una figura femenina con la cual comienza un diálogo. Y eso es lo que vemos en la siguiente canción: *Chico con Amor*.

Canción # 2 Chico con Amor

Yo diría que la primera canción es acerca del llamado al alma, *¿dónde estás?* Y en la segunda canción hay una respuesta, el alma aparece.

La figura del alma aparece como una mujer. En la canción, una joven Americana, Halsey (Ashley Frangipane) se une a las voces. Al comienzo del video de esa canción, ella está en una cabina y de pronto se da cuenta que la están llamando. Cierra la cabina y desaparece. Luego tú ves a los siete miembros de *BTS* en el escenario mientras cantan la primera parte de la canción. Ella se reúne con ellos después, durante la canción.

Algunas personas han preguntado por qué elegirían a una mujer americana para hacer este rol. Encontré que eso era muy conmovedor e integrador. Ellos se han vuelto internacionales. Van a América a dar conciertos en Los Ángeles, Chicago y Nueva York en 2019. Están saliendo a la comunidad internacional. Pero no es del todo sorprendente que la figura del alma, lo que llamamos la figura del *Ánima*, sea de una cultura muy diferente de la cultura familiar. Pienso que para los coreanos podría ser que la mujer americana sea un portador de proyección adecuado para su *Ánima*. Proyectan su *Ánima* inconsciente en una mujer americana y encuentran la figura de su alma.

Tradicionalmente, los europeos han proyectado sus figuras del alma en culturas exóticas, ya sea del Medio Oriente, India o China. Wolfgang Pauli, un renombrado físico y amigo de Jung, describió la figura de su *Ánima* como China. Soñó con ella muchas veces. No era que conocía a una verdadera mujer china de la cual estaba enamorado, sino que ella representaba el *Ánima* inconsciente en su personalidad. Entonces, el hecho de que Halsey sea americana es significativo, en cuanto ella es el *Ánima* inconsciente dentro del colectivo coreano que está ahora respondiendo al llamado. En la primera canción RM canta: "¿Dónde está tu alma?" Ella aparece de pronto en la segunda canción...

El título de la canción es *Chico con Amor*. Existe una enorme diferencia entre ser un *Chico con amor* a ser un *Chico enamorado*. Si estás enamorado estás poseído por una emoción y una proyección del amado en alguien más. Estás indefenso. Tu ego es un esclavo de esa emoción. Las personas hacen todo tipo de locuras cuando están *enamoradas*. Por otra parte, si tú estás *con amor*, tú tienes mucho más control. Estás *con él*. No estás *en él*. Lo llevas contigo. Llevas tu amor con el otro a quien le estás echando el ojo, o a quien le estás manifestando tu amor. Esto exige una postura más madura del ego. Un ego inmaduro se pone patas arriba cuando está *enamorado*. Una persona más madura, con más experiencia, es una persona *con amor*. Estar *con amor* es una postura mucho menos manipuladora. Psicológicamente es un estado más avanzado.

Pienso que esta personalidad que los chicos representan ha avanzado considerablemente desde ese momento inicial cuando estaba enamorada, a su estar ahora *con amor*. Es una hermosa canción con una letra sorprendente. Celebra el poder sanador del amor. Te transforma. Te eleva. Pero también tiene sus peligros, a saber, *las alas de Ícaro*. Ellos cantan: "Con las alas de Ícaro me empujaste, no hacia el sol, sino hacia ti, déjame volar." En la mitología griega, Ícaro vuela demasiado cerca del sol y se quema. Se despliega y vuela demasiado alto. En la canción, esta personalidad está progresando. Está elevada y de alguna manera inflada, pero no está fuera de control y no se va a estrellar. Es un signo muy bueno, desde un punto de vista de la individuación, el que él esté *con amor* y que su amor esté dirigido hacia su amada y no hacia alguna fantasía loca que lo llevaría a estrellarse y quemarse y, probablemente, la acarrearía a ella con él.

Desde la óptica de Jung, hay muchos momentos de individuación aquí. Primero él exclama: "¿Dónde estás alma?" Luego ella aparece. Después él está *con amor*, y *con amor* él puede hacer algo en el mundo. Puede hacer una contribución. Puede ofrecerle amor a su amada, a sus hijos, a su familia, a cualquier cosa que se presente que lo merezca o lo justifique.

Canción # 3 Mikrokosmos

El microcosmos es una antigua idea de que los humanos somos un microcosmos que refleja el macrocosmos. El macrocosmos es el cosmos, es todo el mundo, es el universo. El cosmos es la totalidad de todo lo que es, incluyéndote a ti mismo. El microcosmos es el mundo interior. El mundo interior refleja el mundo exterior, el mundo cósmico.

Jung relató, durante un tiempo de enfermedad al final de su vida: "Tuve un sueño maravilloso en mi enfermedad. Soñaba que veía una estrella en una laguna de agua. Y me di cuenta que yo soy el microcosmos reflejado en la laguna del inconsciente que es el macrocosmos. Y esto me dio una gran sensación de bienestar" (Jung, Recuerdos, Sueños y Pensamiento, 1989).

Si percibes tu mundo interno como un microcosmos que refleja el macrocosmos externo, tienes una sensación de espacio vasto, complejidad, riqueza y diversidad. Este es tu mundo interno. No es todo consciente. La mayor parte de él es inconsciente, pero puedes acceder a él a través de varias técnicas que los Junguianos han desarrollado, como la imaginación activa y el trabajo con sueños.

La canción Mikrokosmos hace referencia frecuente a las estrellas cósmicas. Este es un paso importante en el proceso de individuación: te das cuenta que tienes un ser interior conectado con las estrellas, que no es dependiente del mundo externo. Si estás atrapado en la persona, dependes de otros para que te reflejen tus valores y no tienes un sentido de ti mismo distinto de lo que te dicen. Ahora bien, con una sensación de tu microcosmos interior reflejando al cosmos, tú estás unido a una estrella. Tienes un sentimiento de valía personal que viene desde dentro de ti, no depende de la reflexiones de otras personas.

De esta forma, esta personalidad se está liberando de la necesidad de la *persona* de ser amada por otros, reflejada por otros, estimada y admirada por otros. Esta personalidad se está liberando de la identificación con la persona y de los problemas que esto acarrea. Brillamos a nuestra propia manera.

Esto me recuerda la filosofía de un filósofo alemán del siglo XVII llamado Leibniz, él tenía la teoría que todos somos *mónadas*. Cada uno de nosotros es una mónada individual, encerrada en sí misma, pero estamos en relación con todas las otras mónadas en el universo, todas las otras personas. Cada personalidad es un individuo total, pero está en relación con los otros individuos. Hablan de siete billones de estrellas, así como la población del mundo. Cada mónada es una estrella. Cada una es un individuo. Cada una tiene un alma. Y aun así, estamos todos unidos de una manera misteriosa que Leibniz denominaba armonía. Estas mónadas están armonizadas por otra fuerza, llamada Dios, que permite un interjuego armonioso de todas las piezas independientes, cada una con su propio centro de gravedad.

Así, esta es una canción acerca de un destello del Self: un destello de ese sentimiento de que estamos profundamente arraigados en algo que va mucho más allá de nosotros mismos. Somos individuos, pero también pertenecemos a la totalidad. Tenemos un destino, que es nuestra estrella individual, llegar a ser nosotros mismos y tras nuestra muerte regresar a esa estrella. Esa era la filosofía gnóstica de la cual Jung escribió en el *Libro Rojo*. Lo que nos da paz es saber que tenemos un destino. Ese destino es nuestra estrella a la que llegaremos algún día y a la cual estamos unidos mientras tanto. Es por eso que leo la letra de esa canción como una penetración en este sentido de Self. Esta personalidad, representada por estos siete jóvenes, está bregando en esa dirección y está empezando a encontrar su camino.

Canción # 4 Hazlo Bien

Esta cuarta canción parece incluir un viaje hacia el interior para descubrir un sentido de alma. La canción exclama: "Estoy cantando para encontrarte." ¿Pero quién es ese *tú*? Cuando habla de *tú* es un poco ambiguo. ¿Está hablando de su enamorada? No, no creo que sea sólo eso. ¿Está hablando del alma que apareció en la segunda canción? Creo que en parte es eso. Sorprendentemente, sin embargo, aparece esta idea recurrente de: "regresar a ti y hacerlo mejor." Está luchando. Está yendo hacia el interior. La canción continúa: "Es la respuesta a mi viaje. Canto para encontrarte. A ti, Bebé."

Quiero comentar sobre los elementos internos y externos. ¿Es el alma algo solamente interno? ¿Es algo externo? ¿O es una combinación de los dos? Nuestra experiencia en la vida, especialmente en la primera mitad de la vida, como los miembros de *BTS* en sus veintes, es que descubrimos al *Self* en otros y a través de otros. Lo llamamos proyección, pero proyección puede ser una forma despectiva de hablar sobre encontrar el alma cuando estás en relación con otra persona, digamos, un ser amado. Cuando estás en relación con un ser amado, tú estás con tu alma. Es por eso que se hace tan vitalmente dependiente estar con ella. Ella es tu alma, o él es tu alma. Pero eso no significa que está toda ahí afuera. El adentro y el afuera se confunden, se mezclan.

Y, entonces, cuando él dice: "A ti, Bebé", puede estarle hablando a otra persona, pero también está hablando acerca de su alma y el viaje hacia ella y la respuesta al viaje. "Canto para encontrarte. A ti, Bebé" es una búsqueda de alma. Tal vez está mirando hacia afuera, pero también es un viaje al interior al mismo tiempo. Esta es una maravillosa canción acerca del viaje. Canta: "Recuerdo el cielo nocturno que vi en mi infancia," nuevamente una referencia a las estrellas.

Existe un maravilloso poema de un poeta Americano, muerto hace cinco años, llamado Mark Strand. Escribió un poema acerca de estar tendido en un campo en la noche mirando las estrellas y de pronto sentir que lo llaman por su nombre. Dice que jamás había oído pronunciar su nombre de esa manera. Mirar las estrellas y escucharte nombrado es un momento de iniciación e identidad. Entonces, cuando escuchas tu nombre en ese tipo de contexto, o si tu ser amado te nombra, es diferente de si alguien dice tu nombre en un lugar público. Te emociona profundamente.

Este es el mapa del alma. El *tú* en la canción es el alma, ya sea interna o externa.

Canción # 5 Hogar

En la canción 5 usan la palabra española para hogar, *mi Casa*. Nuevamente se están expandiendo internacionalmente. Mi *Casa* también agrega un sentimiento de intimidad. Es una pequeña casa. Mi *Casa* es una cabaña o una morada humilde, no es un palacio. La sensación de hogar es también un hogar con alma. Cuando estás en un hogar con alma, estás en un espacio íntimo que se siente muy confortable, no grandioso o inflado, sino cimentado dentro de ti.

RM en su charla en las Naciones Unidas dijo: "Soy un chico de una pequeña aldea cercana a Seúl. Ahora soy famoso. Soy una celebridad mundial." De manera que tienes este sentimiento de que *mi Casa* *e*stá allá atrás, en el hogar. Sus excursiones y viajes internacionales los llevan muy lejos al extranjero y ahora el hogar para ellos está en cualquier parte. Sus fans están en cualquier parte.

Cualquier lugar donde te sientas amado y aceptado puede ser el hogar, pero *mi Casa* es algo diferente. Es más íntimo. Es el regreso. Esta personalidad está saliendo a un largo viaje, pero regresará. Mientras está en el viaje está recordando el hogar. Es como Odiseo vagando por 20 años hasta que finalmente regresó a Ítaca, a su hogar con su esposa Penélope. Mientras estás afuera estás pensando en *mi Casa* en el hogar.

Canción # 6 Jamás Visto

Continuando con el tema internacional, la Canción 6 es llamada *Jamás Visto*. *Jamás Visto (Jamais vu)* es una frase francesa que se usa actualmente como un término psiquiátrico. Está relacionada con *dejá vu*. Si tú tienes un *dejá vu*, tienes un fuerte sentimiento de "ya he estado aquí antes", a pesar de estar en un lugar no conocido. Generalmente no puedes decir cuándo o dónde fue, pero igualmente puede ser una sensación muy fuerte. Podrías aun saber lo que una persona va a decir y, para tu sorpresa, lo dicen. Es como si hubieses estado antes en esta película. Eso es *dejá vu*.

Jamais vu es lo opuesto. Estás en un lugar familiar, pero no lo reconoces. Es una experiencia extraña. Las personas con epilepsia del lóbulo temporal y, ocasionalmente, esquizofrenia pueden tener este problema. Puedes entrar a tu casa, pero no la reconoces, como si nunca hubieses estado ahí antes. Tienes que reconocer el lugar completo nuevamente.

Podrías tener que aprender las mismas lecciones muchas veces.

Esta canción es acerca de repeticiones y de repetir; como si no aprendieras de la experiencia. Cada vez que enfrentas el problema tienes que aprenderlo todo nuevamente. Repites las mismas faltas. Esta es una canción acerca de luchar. En la psicología Junguiana llamamos *complejos* a los episodios reiterados de lucha con los mismos sentimientos y comportamientos problemáticos.

Cuando estás tomado por un complejo, entras a la misma situación y reaccionas de la misma manera una y otra y otra vez, como si no hubieses aprendido nada de tus experiencias pasadas. Cada episodio es generalmente doloroso para los otros o dañino para ti mismo, te lleva a arrepentirte de lo que has dicho o hecho. Repites los mismos patrones una y otra vez, aunque en tu cabeza sabes adónde te va a conducir. Sin embargo, es como si fuera una situación completamente nueva cada vez. Tuviste la misma discusión con tu marido anoche. Ahora la tienes de nuevo, como si no la hubieses tenido antes. ¿No aprendes? No. El complejo es demasiado fuerte. Simplemente se ejecuta una y otra vez hasta que de alguna manera puedas salir de él a través de un insight o de una intervención. La canción proclama: "Siempre duele como si fuera la primera vez". Esto es un complejo.

La canción sigue: "Tropiezo nuevamente. Continúo corriendo y tropiezo de nuevo." Pero lo que encontré muy esperanzador fue que, mientras toda esta repetición continúa, hay conciencia de que esto sigue pasando y al final, en la última línea, él afirma: "No me daré por vencido." Hay una determinación de continuar en el camino de la individuación aunque te caigas muchas veces y repitas tus viejas estupideces y comportamientos.

En psicoterapia sabemos que volver una y otra vez sobre comportamientos y sentimientos difíciles y repetitivos te permite reconocerlos y reduce su gravedad. Tal vez te toma menos tiempo recuperarte de eso. Tal vez comprendas antes que después. Tal vez puedas nombrarlo ahora. Aun cuando estás tomado por él, puedes, tal vez, decir: "¡Oh, Dios mío! ¿Por qué estoy haciendo esto?" y de alguna manera salirte de ahí. Es muy difícil hacerlo. Esa es la lucha de la individuación y la pelea con nuestros complejos.

He trabajado con algunas personas por más de 30 años. Me dicen: "Sabe, hemos hablado de esto cien veces, y lo vuelvo a hacer." Nos reímos de eso. Pero jamás logramos superarlo totalmente. Mejoramos, pero tenemos que reconocer que la vida psicológica es una lucha. Llegar a ser consciente y permanecer consciente es increíblemente difícil.

Canción # 7 Dionisio

La última canción es *Dionisio*. Hay innumerables referencias a la mitología griega en este álbum. Quien sea que haya escrito estas canciones es alguien que de verdad está interesado en los griegos, en la filosofía y en la mitología griega.

Esta es una canción de celebración y de salir de la *persona*. Dionisio fue un dios extranjero para los griegos. Vino de Tracia e invadió Grecia. Dionisio es un disruptor, perturba todo, pisotea los viejos valores, quiebra la resistencia de la gente. No puedes resistir a Dionisio cuando viene. Si lo intentas, él te va a arrollar.

Entonces, esta es una canción de cómo esta personalidad ha entrado en el lugar de una celebración dionisíaca. No le tienen miedo a Dionisio. Pueden aceptarlo y gozar con su embriaguez. Lo que están haciendo, en realidad, es botando barreras y viejos hábitos. Dionisio fue llamado el licencioso. El licencioso disuelve las viejas estructuras, los comportamientos y patrones rígidos y destruye a las personas. Te libera de tu persona, al menos por un tiempo. Por supuesto, puedes despertar a la mañana siguiente y desear que no lo hubiese hecho. La embriaguez puede ser excesiva, salirse de las manos y llegar a ser destructiva.

Al final, los griegos fueron capaces de integrar a Dionisio. Le dieron un lugar en Delfos. Apolo, quien era el dios clásico de los griegos, un dios del orden, la belleza, la estructura, la inteligencia superior y la nobleza, tuvo que compartir con Dionisio su templo en Delfos la mitad del año. Entonces, Dionisio estaba allí medio año y, el otro medio año, Apolo estaba allí. Integraron a Dionisio, porque se dieron cuenta de que no puedes resistirlo. Es una fuerza de la vida. Esto es lo que Schopenhauer llamó la voluntad. La voluntad de ser. La voluntad de crecer. La voluntad de crear. Si la resistes, te vence, como lo hizo ocasionalmente en el mito y el drama Griego.

Algunos responden a esto tratando de ser lo más íntegros y perfectos posible. Esto es muy peligroso. No puedes simplemente reprimir el inconsciente y sus poderes. No puedes ignorar a

Dionisio. Tienes que encontrar otra forma de permitirle vivir en tu vida. Si tratas de mantenerlo a raya, él irrumpirá con una intensidad desenfrenada.

En la cultura Suiza tienen un día llamado *Fasnacht (Carnaval)* es como *Mardi Gras*. Es el comienzo de la Cuaresma. La Cuaresma es un tiempo muy serio, pero al comienzo tienen un día que se llama Fasnacht donde la gente se viste con máscaras, salen en la noche y hacen todo tipo de locuras. Se pueden emborrachar, hacer imprudencias sexuales, etc. La regla es, sin embargo, que al día siguiente no se puede hablar de eso. Uno no puede confrontar a alguien y decirle: "Oh, te vi hacer esto anoche." Es una noche de libertad. Jung describió Fasnacht como algo muy necesario para *dejar salir el vapor de la tetera*. De otra manera, los Suizos, que son muy herméticos y más bien compulsivos con respecto al orden, explotarían. Necesitamos las libertades que Dionisio permite.

Me parece que es significativo que el álbum fuese lanzado en la primavera. La primavera es vida nueva. Es renacimiento. La primavera es un tiempo de exuberancia y de vida nueva. Especialmente aquí en Suiza ahora, está todo reverdeciendo y las flores brotando. Ya pasamos la parte más temible del invierno y estamos entrando en una nueva estación. Pensé que era muy agradable que este álbum fuera lanzado en esta estación de primavera y que concluya con un himno a Dionisio.

Para *BTS* celebrar a Dionisio en la forma que lo hace significa que ellos están listos para soltar a la *persona y* salir de las trampas de la *persona*. Tal vez estén llegando a un lugar de liberación de las restricciones de la *persona*.

Introducción del Editor
Al Mapa del Alma

Cuando nos acercamos al Dr. Stein con la idea de crear un libro que describiera su concepto del mapa interno de nuestras almas para una nueva audiencia de gente joven interesada en descubrir los recursos de la psicología Junguiana, estábamos, al mismo tiempo, emocionados e intimidados por el proyecto. Existe un gran interés en la cultura actual por la idea de *Persona* y el mapeo psicológico de nuestro mundo interno. De hecho, el interés es tan fuerte que la superstar banda Coreana Pop, *BTS*, ha tomado los conceptos del Dr. Stein y los ha entrelazado con el título y letras de su último álbum, *Mapa del Alma: Persona*. Esta oleada de energía e interés va más allá de la enorme creatividad de los miembros de *BTS* y su inmensa base de fans: ARMY, también podría estar enraizada en el inconsciente colectivo que saca energía primordial de las profundidades de nuestras almas. Este libro ofrece un vistazo a algunas de esas energías. Entrega una colección accesible de palabras e imágenes destinadas a construir un mapa del alma. Cualquier proyecto que se proponga mapear un campo tan ilimitado y efímero como el alma, está condenado a fracasar; sin embargo, como la figura Griega de Sísifo, nos embarcamos en esta aparentemente imposible tarea con la sensatez que esto es lo que hacen los escritores y editores. Como Nietzsche sugirió, es un asunto de *Amor fati*, es decir, la capacidad de amar el propio destino aun si significa empezar todo de nuevo siempre.

En esta sección introductoria intentamos dibujar un mapa rudimentario de los trabajos internos de la psique humana. No intentamos hacer esto basándonos en años de entrenamiento psiquiátrico, sino más bien como seres humanos compañeros del mismo viaje, como cualquier persona y como seguidores de la psicología de Carl Jung. Les pedimos paciencia mientras describimos aquello que debería permanecer indescriptible.

El Mapa

Nuestro mapa tiene un punto central – de hecho, dos puntos centrales, el *ego* y el *Self arquetípico*. El *Self arquetípico* se encuentra en el núcleo de nuestro *ego*. Dado que es difícil describir esta idea, la hemos representado como un cono, a través del cual el ego pasa como en un embudo hacia el Self *arquetípico*. Hablaremos más de estas estructuras pronto.

Nuestro mapa tiene un ojo grande que mira hacia una aldea en la esquina superior derecha del mapa. En la realidad, el ojo mira hacia afuera al mundo entero, abarcando la totalidad de lo que vemos, oímos, olemos y tocamos físicamente. Es así

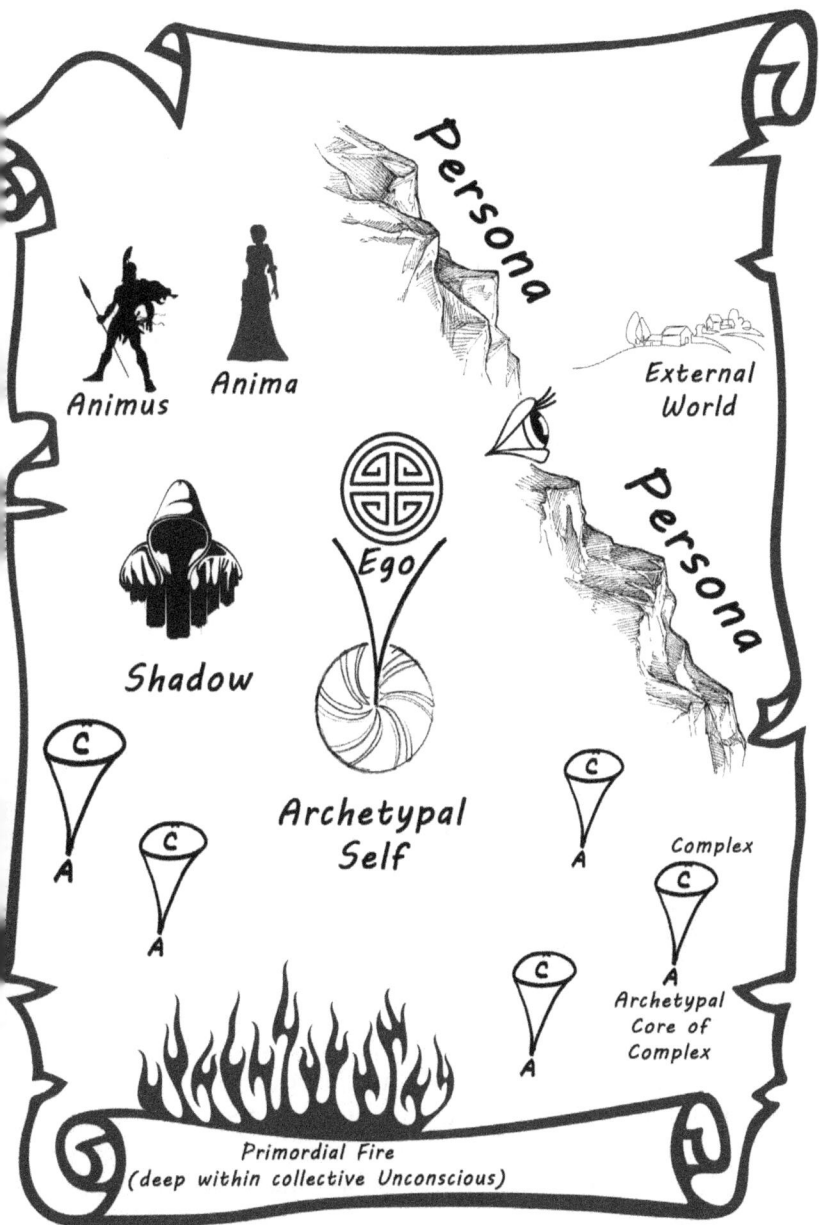

Persona

Persona

External
World

Animus

Anima

Shadow

Ego

Archetypal
Self

C

A

C

A

C

A

C

A

C

A

Complex

Archetypal
Core of
Complex

Primordial Fire
(deep within collective Unconscious)

Illustration by Steven Buser

como nuestro *ego* percibe la realidad, es decir, a través de nuestros sentidos. El ojo se sienta encima de una cadena montañosa que representa la *persona*. La cadena montañosa *persona* se sienta entre el *ego* y el mundo que lo rodea. El mundo no puede mirar hacia adentro, más allá de nuestra *persona*, como una alta cadena montañosa que impide la vista de lo que está más allá. *Persona* es la cara, o mejor dicho, la *máscara*, que mostramos a quienes nos rodean.

En el lejano lado izquierdo de las montañas se encuentra la *sombra* con el ego entremedio, a medio camino; se la dibuja como una figura encapuchada. No es un accidente que esté directamente enfrente de la *persona* montañosa (desde la perspectiva del ego), ya que la *sombra* es lo opuesto a la *persona*. Ante cualquier cara positiva que le mostramos al mundo a través de nuestra *persona*, se forma una figura más oscura y opuesta en nuestra *sombra*. La *sombra* acarrea todas las partes no deseadas, vergonzosas, inaceptables de nuestra psique. Las enterramos muy profundamente, esperando que no sean descubiertas. La *sombra* existe en el inconsciente.

En la parte superior izquierda de nuestro mapa y todavía en el dominio del mundo inconsciente, se encuentran al *ánima* y el *ánimus*. Son figuras inconscientes, de género opuesto en nuestras almas. La figura masculina está representada como un guerrero en este mapa, con la figura femenina a su lado. El punto de vista clásico de Jung es que un hombre tendría un *ánima* femenina que lo conecta con los niveles más profundos de su inconsciente, mientras que una mujer tendría un *ánimus* masculino que la conecta con las profundidades de su inconsciente.

Dispersos por todo el inconsciente se encuentran numerosos óvalos con una "C" en el medio, ahusándose hasta una letra "A". Estos son los complejos en nuestro inconsciente que incluyen un *Arquetipo* ("A") dentro de su núcleo. Explicaremos esto más adelante.

Finalmente, en la parte inferior de nuestro mapa hemos representado las llamas del *fuego primordial*. Esta imagen nos recuerda que el inconsciente colectivo subyace a la totalidad del mapa. Es aquí donde moran las fuerzas primitivas mientras gradualmente emergen símbolos potentes, temores e inspiraciones.

El Mundo Externo

El mundo externo es la parte más fácil de entender del mapa. Representa, esencialmente, todo lo que conocemos como nuestro mundo y aun el universo. Es todo lo que podemos tocar, ver, oír, etc.

Es todo el mundo físico con el cual interactuamos, incluyendo a las personas, los objetos y a otras criaturas. La razón por la que está en este mapa es que contrasta con nuestra experiencia interna. La experiencia interna es más difícil de comprender, especialmente en la medida en que exploramos elementos más profundos dentro de nuestro inconsciente, de cuya amplitud no estamos, en general, conscientes.

El Ego

El *ego* descansa en la superficie del inconsciente y ocupa el centro de la conciencia. Es el "Yo" que habla y es de lo que *Yo* me doy cuenta cuando *Yo* me contemplo a mí mismo. Se encuentra en los límites entre lo que sabemos y lo que no sabemos.

Es el "*Yo*" de mí mismo; lo que entendemos conscientemente de nuestra experiencia de ser humanos. Maneja y contiene, actúa y pone proyectos en acción, abarca rasgos, características y todas las distintas maneras en las que "nos conocemos". Está informado y afectado por todos nuestros recuerdos, traumas, emociones y hechos, como también de todo lo que podemos sentir conscientemente en nuestros cuerpos. Cuando tenemos un "destello de intuición" es siempre el darse cuenta de que algo inconsciente está abriéndose paso hacia nuestra conciencia de *ego* consciente.

La Persona

La *persona* es la alta cadena montañosa (o una máscara) que separa a nuestro *ego* consciente del mundo externo e interactúa con él. Agregamos también un ojo entre el *ego* y el mundo externo para enfatizar cómo miramos hacia afuera, desde nuestro *ego* al mundo. Es a través de nuestros sentidos que percibimos el mundo que nos rodea y esto está representado por el ojo que mira hacia afuera. Lo que el mundo ve cuando vuelve su cabeza hacia nosotros es nuestra *persona*. Así, en nuestro mapa, cuando los amigos, la familia o, en verdad, cualquier persona, nos mira y se forma una opinión de nosotros, no están mirando dentro de nuestro *ego*, sino más bien a la *persona*, la máscara que les permitimos ver. Ven el exterior montañoso de la *persona*. Nunca ven el "verdadero nosotros", sólo la parte de nosotros que la *persona* les permite ver. Nuestra *persona* cambia, dependiendo del rol en que estamos. En el trabajo puedo ser un doctor. Tal vez me visto como médico usando una bata blanca u otras ropas profesionales. Uso el lenguaje común de los médicos, "jerga médica". Parezco profesional y me puedo descubrir usando palabras grandilocuentes y jerga profesional, lo cual refuerza mi identidad y tal vez me convence a mí y a los demás de mi reputación. Puedo no ser tan espontáneo en reírme, puedo contenerme de tontear tanto como me gustaría cuando estoy mostrando otras máscaras o aspectos de mis *personas*. Esto puede ser adaptativo, ya que los pacientes se sentirían seguros al verme un doctor consistente, educado y profesional. Mi *persona* del trabajo me permite funcionar con mayor libertad y sin problemas en mi rol. Sin embargo, cuando me voy a casa en la noche, muy malas cosas sucederían si me olvidara sacarme mi "*persona* doctor" y no ponerme mi "*persona* esposo". Podría darle órdenes a mi esposa, usar una jerga difusa o profesional, insistir en que las cosas se hicieran a mi manera, etc. En la casa, los aspectos de mi *persona* identificados con mi *persona* doctor ya no son adaptativos, de hecho, son desadaptativos. En la casa, mejor me pongo mi "*persona* esposo", o mi "*persona* papá". Con estas *personas* soy menos profesional y rígido. Me puedo reír, bromear, rodar por el suelo con mis hijos. Existe una infinita colección de *personas* que nosotros, como humanos, usamos en el curso de nuestras vidas, incluyendo las de estudiante, mentor, aprendiz, atleta, estrella de rock, activista social, etc.

La Sombra

Nuestra *so* Nuestra *sombra* es la imagen contraria a nuestra *person* nuestra *persona*, su opuesto. Para cada aspecto de cómo trata de cómo tratamos de presentarnos al mundo a través de t través de nuestra *persona*, una parte opuesta de nuestra e nuestra personalidad se separa y se guardado en l almacena en la *sombra*.

Si he trabajado para que mi *persona* se presente como amistosa, ayudadora y alentadora, eso significa que el opuesto de esos rasgos, una persona poco amistosa, poco ayudadora y desalentadora se escinde y es depositada en mi *sombra* inconsciente. La intensidad de este fenómeno parece variar en proporción directa con la intensidad y unilateralidad que ha llegado a tener mi *persona*. Un sujeto que presenta su *persona* a los otros como una persona extremadamente correcta, pía, devota, carente de ira o de negatividad, está posiblemente creando una *sombra* inconsciente con características poderosamente crueles, inmorales e irreverentes y se puede esperar que sea tan enérgica y fuerte como la *persona*, pero poseída por las características opuestas. Las noticias están llenas de predicadores píos que predican con vehemencia contra conductas que consideran pecaminosas, sólo para ser pillados escandalosamente en aquellas mismas acciones. Una explicación de esto es que mientras más pía se hace su *persona*, más energizada e inmoral se hace su *sombra*. A menudo, es sólo un problema de tiempo antes que la sombra inaceptable irrumpa y quede expuesta al público. Esto puede ser chocante y humillante, pero si es manejado en forma adecuada, puede ser también el principio de una vida nueva y más auténtica. Típicamente, a no ser que hayamos hecho mucho trabajo personal en nosotros mismos, los contenidos de nuestra *sombra* están ocultos y nos son desconocidos. Mientras menos entendemos nuestro lado sombra, es más probable que, sin darnos cuenta, actuemos desde él y hagamos daño a otros. Es crucial para nosotros reconocer que tenemos un lado sombrío y dar pasos para manejarlo de manera sana.

Anima y Animus

Enterrado en nuestro inconsciente yace otra figura que sostiene los aspectos negados de nuestra masculinidad y feminidad. Cien años atrás, mientras Carl Jung estaba desarrollando estas teorías, el género estaba definido más rígidamente dentro de la sociedad. En la era Victoriana, rara vez se le toleraba a los hombres mostrar mucho de su lado femenino y vice versa. Así, un hombre que pasaba por la vida encarnando principalmente las cualidades masculinas, no tenía conciencia de una figura femenina no desarrollada e inconsciente de su psique, que Jung llamó el *Ánima*. Es a través del *ánima* que el hombre puede conectarse con sus aspectos más suaves, conmovedores y quizás más creativos. Cuando llora, se llena de emociones intensas o es más manejado por el corazón que por la cabeza, probablemente está conectándose con su *ánima*. Esta *ánima* puede conectarse con él en sueños, como una mujer sensual o llena de alma. Ella es su guía en este aspecto más profundo, dentro de su personalidad. Ella está preñada de vida nueva, anunciando el futuro.

Tradicionalmente, las mujeres tenían el desarrollo opuesto en su identidad. Rara vez se las incentivaba a seguir carreras demandantes y pocas veces buscaban roles públicos de poder y de autoridad. Una figura inconsciente masculina vivía oculta, lejos, una personalidad con fuerza y determinación y poder guerrero que Jung llamó el *ánimus*. En los sueños, esta figura, a menudo, le llega a la mujer como una poderosa figura masculina. En la segunda mitad de la vida de una mujer, ella puede distanciarse de un rol nutricio extremo y desarrollar una segunda carrera con una personalidad pública más fuerte y poderosa. En esos momentos, su ánimus está saliendo a la superficie.

Este paradigma ha cambiado dramáticamente en las últimas décadas, dado que el género se ha hecho más fluido dentro de los individuos y de la sociedad en general. A los hombres no se les fuerza tanto a tener sólo las expresiones masculinas de su personalidad, al igual como a las mujeres se les permite más libertad de expresión. Sin embargo, cualesquiera sean los elementos de género hacia los cuales nos inclinamos, el género opuesto desarrolla un poder inconsciente dentro de nuestro ánima/ánimus. Conectarse con esos rasgos del género opuesto nos permite llegar a ser más totales y completos.

Complejos

Diseminados por la zona inconsciente de nuestro mapa hay numerosos *complejos*. Los hemos simbolizados con una "C" dentro de un óvalo que baja por un embudo hacia la letra "A". Cada uno de nosotros tiene infinitos *complejos* dentro del inconsciente.

Un *complejo* es una especie de sub-personalidad con su propio set de emociones cargadas, que se agrupan alrededor de ciertas áreas o desencadenantes en nuestras vidas, a menudo un trauma. Probablemente ya han oído de muchos de los complejos comunes que han entrado a nuestro vocabulario, como *el complejo materno, complejo paterno, complejo de dinero, complejo de Edipo, complejo del héroe, complejo de Napoleón, complejo de Peter Pan, complejo del amante, etc.* Con sólo escuchar el nombre del complejo se nos hace presente una buena cantidad de lo que abarcan. Así, una persona tomada por el complejo dinero puede, irracionalmente, sentir pobreza y necesidad financiera. Aunque tenga mucho dinero, sus temores lo llevan a acumular más y más. Podríamos denominarlo un Scrooge Complex (Complejo de Tacaño [Scrooge]), como el personaje de Charles Dickens en *A Christmas Carol*. Alguien que luche con un complejo del héroe, por el contrario, puede sentirse irracionalmente atraído a rescatar a otros que ni siquiera necesitan de su ayuda. Mientras más poderoso el *complejo*, menos consciente estaremos cuando caigamos en él y nuestro comportamiento sea más controlado por él. Nuestros amigos, familiares y amantes, sin embargo, están dolorosamente conscientes cuando estamos en las garras de estos *complejos*, incluso cuando defendemos irracionalmente nuestros comportamientos.

Un punto particular de la psicología Junguiana es que en el núcleo de cada complejo se encuentra un *arquetipo*, marcado como la letra "A" en nuestros dibujos. Así, en el corazón del *complejo del héroe* de alguien se encuentra el *arquetipo* del héroe. Este arquetipo está presente en las imágenes de héroe conocidas a través de la historia y encarna todos los rasgos heroicos a los que la humanidad ha estado por siempre expuesta. Podemos imaginarnos al héroe más poderoso del mundo, Hércules por ejemplo, yaciendo en el corazón de este *complejo*. Es esa intensidad de energía la que una persona, tomada por el complejo del héroe, está utilizando. Estos momentos pueden ser inciertos –peligrosos- para aquellos atrapados en el complejo, por otra parte, pueden también resultar en hazañas admirables.

El Self Arquetipal

Dentro del marco de referencia de la psicología Junguiana, el *ego* es técnicamente un complejo donde contenemos nuestra identidad propia consciente. Si recordamos que en el núcleo de cada *complejo* yace un *arquetipo*, dentro del núcleo del *complejo del ego* yace el *arquetipo del Self.*

Por convención usamos Self con mayúscula para destacar sus elementos de totalidad y aun sacralidad, al igual como se escriben con mayúsculas Dios y Él/Su/Sus en las escrituras Cristianas. El Self es el gran principio organizador de la humanidad (y también de cada ser humano). Si bien muchos se han referido al Self *arquetípico* como Dios, puede ser mejor pensarlo como parecido-a-Dios, con posibilidades infinitas, ilimitadas, que a menudo asociamos con frases como *un poder superior* o una suma de todos los elementos conscientes e inconscientes dentro de nuestro universo. Es el *Alfa y Omega*, el comienzo y el final, la *totalidad* y la *singularidad* combinadas como una. Es difícil hablar acerca del *Self arquetípico* sin caer en misticismo y usar metáforas grandiosas. Es realmente inefable y las palabras no logran capturarlo.

El Fuego Primordial

Agregamos el *fuego primordial* al final de nuestro mapa en un esfuerzo por mostrar algunas de las profundas fuerzas arquetípicas que subyacen a estas estructuras.

El *fuego primordial* representa la fuente inicial de energía psíquica y las fuerzas vivificantes a través de la historia humana y aun de la historia del universo. Impulsa la sobrevivencia, la evolución, la creatividad e instintos tales como la sexualidad y el hambre. Cuando estamos deprimidos, hemos perdido el contacto con el *fuego primordial*. Cuando estamos maníacos, podemos ser envueltos en sus llamas. A veces, el fuego envuelve al planeta, como en las guerras mundiales o en otros momentos de profundo conflicto o convulsión social. Tiene venas profundas en la psique y corre como lava debajo de la corteza de la tierra, haciendo erupción durante estos tiempos intensos.

Este es un fuego colectivo que ha estado ardiendo por la eternidad. Las palabras persistentes de Billy Joel, "Nosotros no iniciamos el fuego. Siempre estuvo ardiendo desde que el mundo ha estado girando," capturan poderosamente la metáfora de sus llamas interminables.

Ese es nuestro *Mapa del Alma*. Antes de adentrarnos más profundamente en las ideas de *Persona*, pensamos que podíamos ofrecerles algunos estímulos que emergen de este mapa.

Algunos Preceptos para Tener en Cuenta...

No dejes que el mundo te defina: ¡Ábrete tu propio camino!

Esto es especialmente difícil para la gente joven. Hay tanto que hacer en esos años tempranos – sobresalir en el colegio y en la universidad, encontrar la carrera adecuada, encontrar un compañero de vida, criar a los hijos, etc. No hay nada malo en todo esto y, ciertamente, es importante conseguir mucho de aquello, pero a veces estas expectativas se nos imponen en contra de nuestra voluntad y se oponen a nuestra verdadera naturaleza. Los jóvenes necesitarán buscar educación y una vocación; deben hacerlo, sin embargo, bajo sus propios términos, con sus propias pasiones y no solamente con aquellas de los padres, amigos, profesores o mentores. Mirando a través del lente de nuestro mapa, tenemos que tener cuidado de que la *persona* que construimos conserve autenticidad; debemos escuchar a la ferocidad de nuestra *sombra*, debemos evitar ser entrampados por nuestros *complejos* y debemos aprovechar la inspiración de nuestra *ánima/ánimus*. Sólo abarcando esta totalidad, tanto consciente como inconsciente, podemos esperar discernir nuestro camino único y seguir nuestro verdadero sí mismo.

Escucha a tus sueños nocturnos. Mantén un diario de sueños.

Un principio clave de la psicología Junguiana es la vital importancia de nuestros sueños cuando dormimos. Los sueños surgen del inconsciente colectivo y son comunicados por el *Self arquetípico*. Todos los sueños tienen un significado para nosotros, nos dicen algo que aún no sabemos, pero que necesitamos saber. Escribe tus sueños nocturnos en un diario. Reflexiona sobre ellos al día siguiente y pregúntate qué te recuerdan los distintos elementos del sueño. Evita la simplicidad de un "diccionario de símbolos oníricos", eres tú mismo quien tiene que hacer el trabajo duro y no confiarte en las interpretaciones de alguien más. Si puedes, trabaja con un analista Junguiano u otro terapeuta que trabaje con sueños desde esa perspectiva. Intégrate o empieza un grupo de sueños donde la gente comparta y reflexione sobre los sueños en un ambiente no enjuiciador y no crítico. Usa tus sueños para desarrollar tu propio *Mapa del Alma* personalizado.

Escucha tus sueños diurnos. Mantén un diario.

Considera tener un diario también para cualquier pensamiento, emoción, impulso creativo o inspiración que puedas tener. Puedes también escribir diálogos con otras partes de ti mismo, incluyendo las *figuras de la sombra*, *figuras del ánima* o personajes de tus sueños nocturnos. Haz preguntas y llega a conocer estas partes interiores de ti mismo. Fantasea con el presente y sueña con el futuro. Mantén la curiosidad con respecto a todos los elementos de ti mismo, tanto de tu mundo interno como también de cómo interactúas con otros. Esta curiosidad te va a mantener en tu camino de crecimiento.

Mantente alerta de tu lado oscuro (tu *sombra*). Poséela cuando se encienda y utiliza su fuerza.

Desafortunadamente, ignorar nuestro lado oscuro es una trampa común en la cual todos caemos de tiempo en tiempo. Nos convencemos que hemos domesticado nuestra oscuridad interna, sólo para verla reaparecer después de haberla ignorado demasiado tiempo. Cuando nuestra oscuridad irrumpe, tiene libertad para sumergirnos en varios caminos destructivos. Es vitalmente importante que permanezcamos alerta a nuestra *sombra* y a los prejuicios, estereotipos y actitudes de superioridad perjudiciales que mantenemos. Permanece conectado a tu *sombra*. Dialoga con ella, escúchala y observa cómo es proyectada en personas o situaciones en tu vida, como una película proyectada en una pantalla. Reconócele a los demás cuando tu lado oscuro ha tomado el control y has hecho cosas de las que te arrepientes. El crecimiento y la individuación sólo pueden suceder si nos damos cuenta de nuestro ser oscuro y estamos dispuestos a confrontar nuestras cualidades menos atractivas.

Permanece conectado a tu cuerpo.

Evita la trampa de permanecer demasiado en tu cabeza y desconectado de tu cuerpo y del mundo externo. Esta es una trampa en la cual caen muchos Junguianos y otro tipo de intelectuales. Mirar sólo las ideas, conceptos y arquetipos, sin mirar también cómo ellos se encarnan en nuestro mundo físico, puede resultar ser una equivocación muy costosa. Escucha a tu cuerpo. Trata de entender cuando duele, se queja o tiene un recuerdo doloroso enterrado dentro de él. Goza tu cuerpo cuando quiera bailar, correr o jugar con despreocupación temeraria.

Permanece creativo, pase lo que pase, expresa esta creatividad.

Permanece conectado a cualquier forma de creatividad que alegre tu alma. Las expresiones no son sólo obras de arte como una pintura al óleo, sino que incluyen danza, prosa, arcilla, tocar música, usar la voz e infinidad de otras expresiones. La creatividad es una gran manera de conectarse con la *energía primordial* de una manera sana que estimula nuestro crecimiento e individuación.

Conoce algo de los componentes de tu personalidad, sus fuerzas y desafíos.

Ten curiosidad acerca de quién eres tú y de cómo tu personalidad te desafía y te fortalece. Busca comprender las ideas de Carl Jung de introversión, extraversión, pensamiento, sentimiento, intuición, etc. Sabiendo quiénes somos en estos aspectos y cómo nos relacionamos con personas importantes en nuestras vidas, no sólo nos ayuda a comprender nuestros comportamientos, sino que nos ayuda a optimizar cómo nos comprometemos con los demás.

Recuerda el arco de la vida, y que la juventud, la mitad de la vida y los años de vejez hacen demandas muy diferentes.

Es importante tener presente dónde estamos en el curso de nuestra vida. En nuestros años de juventud estamos normalmente construyendo nuestras estructuras psíquicas, nuestra personalidad, nuestros deseos, nuestras relaciones y nuestras vocaciones. Con suerte, hacemos eso con pasión y una sensación de llamado. En la mitad de la vida ya hemos construido esas estructuras y podemos estar más ocupados con una carrera productiva, una familia que crece y otros desafíos. A menudo en la mitad de la vida hay una necesidad de hacer un importante cambio de rumbo. Debemos estar alerta y escuchar eso. Y en nuestros años de vejez estamos al otro lado del arco de la vida, declinando en algunas áreas y profundizando en otras. Estamos habitualmente dejando nuestras carreras y tutoreando a otros. En general somos más espirituales y estamos nutriendo nuestra conexión interior con una realidad superior. Mientras cada uno de nosotros necesita encontrar sus propias expresiones dentro de estos patrones típicos, es una ayuda recordar que el mapa nos sirve de manera diferente a cada uno, dependiendo de la etapa en que estamos en nuestro viaje por la vida.

Permanece fiel a ti mismo.

Nuestro último estímulo arriesga ser demasiado cliché, sin embargo sentimos la necesidad de decirlo a pesar de todo. ¡Tenemos que permanecer fieles a nosotros mismos! ¿Qué significa eso realmente? Por supuesto que significa cosas distintas para personas diferentes. Respondemos la pregunta diciendo que esto involucra la búsqueda vital de descubrir cuál es tu llamada única en este mundo. Es liberarse de los moldes en los que otros intentan meterte, mientras tú reclamas tu herencia única como un miembro de la raza humana. Cualquiera que sea tu verdadero camino, debes, a cualquier costo, escuchar a tu suave y susurrante voz interior y honrar los signos que la vida te ofrece.

Steve Buser, MD
Leonard Cruz, MD

Chiron Publications
Asheville, N.C.

Capítulo 1
Pensamientos Iniciales
Murray Stein

C.G.Jung (1875-1961) fue un famoso psiquiatra y psicoanalista Suizo y el fundador de la Psicología Analítica. Después que rompió con su profesor, Sigmund Freud, creó su propia teoría, diferente a la anterior y publicó muchos libros y documentos explicando sus puntos de vista. Estos se han reunido y publicado en las *Obras Completas de C.G.Jung*, 18 volúmenes. Mi libro anterior, *El Mapa del Alma de Jung*, fue una introducción a sus trabajos y a las ideas que explicitó en sus escritos.

Empecé a estudiar las ideas de Jung cuando tenía 24 años y he seguido haciéndolo desde entonces. La autobiografía de Jung, *Recuerdos, Sueños y Pensamientos*, me cautivó y nunca he vuelto atrás. Encuentro que sus obras son tan fascinantes e inspiradoras como cuando recién las descubrí en 1968. Soy un psicoanalista Junguiano en ejercicio y uso sus ideas todos los días con mis clientes. No me han defraudado. Jung fue un genio de la psique, sus intuiciones de cómo está construida y cómo funciona la mente humana son brillantes. Además de eso, son prácticas y pretenden ayudar a la gente a vivir una vida más plena, más creativa y más auténtica.

Capítulo 2
Persona
Murray Stein

Dos aspectos muy relacionados en la función del ego son la *persona* y la *sombra*. La *persona* es la cara que presentamos hacia el mundo exterior. James Hall la describe de esta manera:

"El término *sombra* (...) se refiere a aquello que es lanzado a la "oscuridad" por aquello que permanece en la "luz" de la conciencia. Cuando algo se está acercando a la conciencia desde el inconsciente, entra a un campo de evaluación que podría ser llamado un campo de elección moral. Parte de lo que se está acercando puede ser aceptable y ser incorporado al ego, la parte inaceptable es disociada o reprimida en la sombra.

Los contenidos que son aceptables para el ego de la persona – esa parte de nosotros que es "Yo" y se siente que es el centro de la conciencia – son incorporados con poca dificultad en la *persona*, especialmente si son también aceptables para la situación cultural en la que uno vive. La *persona* consiste en una "máscara", no sólo en el sentido de esconder algo, sino también en el sentido de revelar algo – un rol social o cultural (...) Cuando "se ajusta bien", acrecienta y comunica más efectivamente la verdadera naturaleza del ego "detrás" de ella; pero si se usa en exceso, en vez de desarrollar un ego adecuado, o si se la usa para esconder la verdadera naturaleza del ego, entonces, se producen situaciones patológicas. Muy poco desarrollo de la *persona* expone al ego a traumatizarse de una manera análoga a como lo haría el cuerpo teniendo capas de piel defectuosas.[1]

Si caminas hacia la luz, serás iluminado y detrás de ti aparece una *sombra*. Una persona que se identifica demasiado con las máscaras que usa *(persona)*, tiene el riesgo de que las cualidades opuestas *(sombra)*, las sobrepasen.

"La *persona* es construida, él [Jung] dice, de pedazos del colectivo con los cuales se identifica el ego y que funcionan para facilitar la adaptación al mundo social que nos rodea. La *persona* es, de hecho, "un segmento de la psique colectiva", pero simula la individualidad. Su existencia puede ser tan consciente como una "máscara".[2]

"Después de un cierto punto en el desarrollo, el ego humano y la conciencia humana son en gran parte definidas y moldeadas por el mundo cultural en el que crece y es educada una persona."[3]

"Hacer tales ajustes sociales para lograr la adaptación crea una máscara social, una '*persona*,'

que excluye partes esenciales de uno mismo. (...)
Este dilema social pone a la persona en lo que Jung
llama un conflicto moral. En el nivel más profundo,
el imperativo es ser completo. La naturaleza humana
se rebela en contra de las censuras de la sociedad y
la cultura; si estas inhiben muy severamente este
impulso innato hacia la totalidad, esta esuna nueva
fuente de complejos."[4]

"No es el conflicto entre el individuo y la
sociedad per se lo que produce el problema
neurótico, como Freud aseguraba, sino el conflicto
moral que surge en una psique que, por una parte,
quiere negarse a sí misma y, por otra, está forzada a
afirmarse a sí misma."[5]

Persona y *sombra* son opuestos virtuales. En los
primeros estadios de la individuación, las figuras de
la *sombra* a menudo aparecen en sueños como una
persona del mismo género cuyas cualidades
compensan las cualidades de la *persona*. Estas pueden
ser *"negativas"* si la *persona* está risueña y positiva, o
pueden ser "positivas" si la *persona* está triste y
lóbrega.

"El permanente cambio de actitudes morales en
nuestra sociedad hace imposible que en muchas
situaciones manifestemos nuestra totalidad completamente. Tenemos que negar nuestros verdaderos
sentimientos (...) para seguir adelante u, ocasionalmente, aún para sobrevivir. Hacer esos ajustes
sociales en beneficio de la adaptación crea una
máscara social, una 'persona', que excluye partes
esenciales de uno mismo."[6]

Jung escribió que: "Los seres humanos tienen
una facultad que, aunque es de la mayor utilidad

para propósitos colectivos, es muy perniciosa para la individuación, esa es la facultad de imitar."[7] La imitación es la herramienta básica con la cual construimos una *persona*. Imitamos a la gente que admiramos y tratamos de parecernos a ellos. Esto crea una especie de identidad que nos ayuda a insertarnos en el grupo del cual queremos ser parte.

Para llegar a ser totalmente nosotros mismos, sin embargo, debemos separar partes de la psique. Un punto para comenzar es hacernos conscientes de nuestra *sombra*, lo cual, por supuesto, fomenta la conciencia de nuestra *persona*. La separación psico-lógica real y profunda de una *persona* anterior y del sentido de identidad que la acompaña, pareciera requerir tanto un reconocimiento consciente, como uno inconsciente, del cambio. Cuando el cambio es reconocido sólo superficialmente, sólo por la con-ciencia, pero no es trabajado y aceptado en el nivel del inconsciente, los cadáveres terminan siendo escondidos en vez de enterrados."[8]

"El problema de una separación no resuelta e incompleta de la identificación con la *persona* anterior, es creado por el deseo natural, totalmente entendible, de una persona de negar lo que ha sucedido, rehusar todas las expresiones que tengan relación con la pérdida mayor y los cambios que ésta presagia. Este tipo de negación defensiva de las condiciones cambiantes, externas e internas, puede ser superada sólo "encontrando el cadáver" [hablando metafóricamente] y enfrentando la muerte de una manera concreta, inolvidable e irrevocable."[9]

"Durante un período de liminalidad psicológica [un término usado para describir un estado límite o entremedio que es generalmente desorientador], la identidad definida socialmente pasa s ser 'una simple *persona'*, simplemente una máscara superficial para esconderse detrás o para usarla para imponer un rol vacío en la sociedad."[10]

"Las personas no forman sus personalidades de manera voluntaria, eligiendo una identidad o carácter específicos, así como tampoco forman sus físicos eligiendo un tipo de tez, el tamaño de sus pies o manos, o una combinación particular de sus rasgos faciales. Tampoco las comunidades humanas desarrollan sus preferencias y estilos culturales de una manera consciente y racional. La mayor parte de todo lo que es de los individuos o de las comunidades surge a través de la interacción de factores históricos y determinantes del tiempo, de herencia genética y cultural."[11]

Jung comentó (...) en "La Estructura del Inconsciente" (fechado en 1916), el cual llegó a ser el segundo de los *Dos Ensayos en Psicología Analítica*, escribió que es: "sólo la máscara de la psique colectiva, una máscara que transmite la engañosa sensación de ser individual" (OC 7, &465), él estaba profundamente inmerso en su propia transición de la mitad de la vida y estaba experimentado una gran liminalidad, como lo atestigua su autobiografía.[12]

Esta separación no puede ser completada, sin embargo, si no hay un entierro consciente de esa otra identidad anterior (o *persona)*, en el vocabulario Junguiano.[13]

La *Persona* es sólo una máscara hueca llena de mentiras y posturas absurdas, para ser ridiculizada y burlada, mientras el alma mira desde su posición de inmersión en las profundidades de la experiencia liminal.[14]

En su libro, *Understandable Jung: the Personal Side of Jungian Psychology*, Harry Wilmer escribe:

"En el límite, entre el mundo interno y el mundo externo, está nuestra *persona*: Su cara mira hacia afuera, su parte posterior está escondida o disfrazada por la máscara en el exterior. *Persona* es el símbolo del *arquetipo* que Jung usó por las máscaras usadas por los actores Griegos: la expresión pública de la cara de lo que se estaba actuando. Con una *persona*, nos presentamos a nosotros mismos y a nuestros roles social y externos. La *persona* es revelada por nuestras caras, nuestra ropa, los movimientos de nuestro cuerpo, y todos los adornos que usamos para decirle al mundo externo quiénes somos."

"Con nuestras *personas*, generalmente intentamos presentar nuestros sí mismos idealizados, nuestros *ideales del ego*. Por lo tanto, esconde nuestra *sombra* y nos protege a nosotros de las *sombras* de los demás. Es un tipo de impostora aceptable."[15]

Las máscaras que usamos están normalmente modeladas por nuestra experiencia personal. Comienza con la familia nuclear, luego se extiende a la sociedad que va más allá de la familia y finalmente llega a incluir la cultura circundante en general. Los medios de comunicación ayudan en este proceso, porque al ver personajes en la TV o en películas, por ejemplo, encontramos recursos para hacer incorporaciones y alteraciones de la *persona* que van más allá de nuestro medio ambiente inmediato. Cualquier cosa que sirva para separar a una persona de su cultura y de su medio ambiente convencional, da una oportunidad para hacerse consciente de la *persona*. Nos damos cuenta de nosotros mismos al ver que somos diferentes de los desconocidos que nos rodean. Esa es una de las razones por las cuales viajar es tan importante. El encuentro con una cultura desconocida nos permite darnos cuenta de aspectos de nosotros mismos que vemos que son diferentes de aquellos que nos rodean. Viajar también nos puede acercar a elementos comunes de la condición humana al contactarnos con personas que desean las mismas cosas, luchan con los mismos problemas, fracasan o tienen éxito de la misma manera, pero que, aun así, son significativamente diferentes en ciertas maneras.

"Ciertamente, la experiencia de separarse de una identidad pasada de moda y la exigencia de reconocer la pérdida de este ser anterior, dolerse por él y descartarlo, es crucial. Pero este paso, que es esencialmente un paso de separación de una *persona* anterior, es común en otros períodos transicionales también."[16]

Existe una pregunta acerca de si la *persona* llega a ser genética, como si pasara de generación en generación en una familia o en una cultura. A menudo podemos ver desde fuera que ciertas familias pasan rasgos de carácter de los abuelos a los hijos y a los nietos. Tienen muchos rasgos en común. Son "astillas del mismo árbol", como decimos. Aunque la *persona* no llega a ser genética en el sentido biológico, sí se transmite de generación en generación. Estos son llamados "memes" algunas veces: son como transmisión genética, pero no transmitidos por medios biológicos. Generalmente las personas no saben que han heredado una *persona*. Es como si vivieran en una pieza sin ventanas, sin espejos. Si estamos rodeados por personas como nosotros, se nos hace difícil vernos desde otra perspectiva, es decir, más objetivamente.

Capítulo 3
Sombra
Leonard Cruz & Steven Buser

Nuestro mapa sería superficial e incompleto si no pudiera ir más allá del ego y de las máscaras que usamos. La *sombra* está muy relacionada con la *persona*. Cuando nos identificamos muy celosamente con nuestras cualidades positivas manifiestas, sin que lo acompañe un abrazo consciente de las cualidades opuestas más disfrazadas, llegamos a ser objeto de aquello que Jung llamó reversión. En una reversión, los elementos de la sombra se imponen abrupta e inesperadamente. Debemos recordar que los elementos no reconocidos, escondidos en la *sombra*, tienden a juntarse en un complejo que guarda energía psíquica, recuerdos, experiencias, percepciones, prejuicios y más. La *sombra* es un complejo que es contrario y opuesto a la *persona*.

"Jung habló de la *sombra* personal como la guardiana del inconsciente personal", de acuerdo a Joseph Henderson.[17] El ego desea percibirse en una luz positiva. Esto crea un ideal de ego.

Colgarse del ideal del ego produce y mantiene la *sombra* del ego.

LAS TRES CARAS DE LA SOMBRA

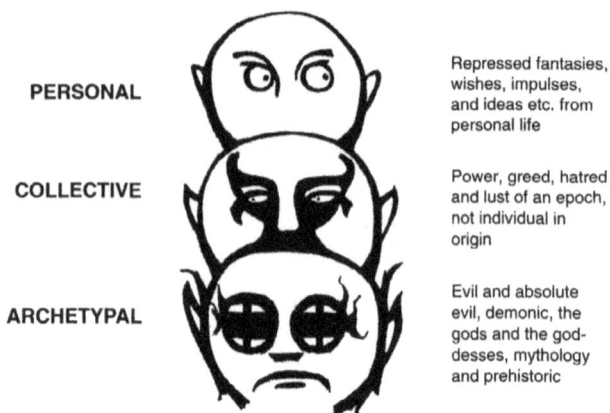

PERSONAL	Repressed fantasies, wishes, impulses, and ideas etc. from personal life
COLLECTIVE	Power, greed, hatred and lust of an epoch, not individual in origin
ARCHETYPAL	Evil and absolute evil, demonic, the gods and the goddesses, mythology and prehistoric

From Wilmer, Harry. Understandable Jung,
Chiron, Asheville, 2014.

A lo largo del tiempo, en la medida en que seguimos usando una máscara, llegamos a ser la persona que estamos personificando. "La *persona* es la fachada y la manifestación del rol que disfraza la personalidad del actor. La *persona* es un arquetipo; es un complejo funcional que es necesario para la adaptación a las relaciones interpersonales. También es algo que mostramos a los demás como parte de un rol que personificamos. Es un compromiso entre lo que queremos ser y lo que el mundo alrededor nos permitirá ser."[18] La *persona* encubre nuestra verdadera naturaleza y aunque se esfuerza por parecerse al ideal del ego, sigue siendo como ponerse una máscara o un disfraz.[19]

Según Robert Johnson: "La *sombra* es eso que no ha entrado adecuadamente en la conciencia." Continúa explicando: "Nosotros dividimos el sí mismo en un *ego* y una *sombra* porque nuestra cultura insiste en que nos comportemos de una manera determinada."[20] La *persona* representa la suma de lo que permitimos que el mundo vea, mientras que la *sombra* abarca la suma de aquello que no podemos abrazar conscientemente.

En relación a la *sombra*, es como si hubiera otra figura habitando en nuestra psique. Jung describió un momento cuando él sintió la presencia de otro en su vida de ensueño:

"Una densa neblina cubría todo. Yo tenía mis manos ahuecadas alrededor de una pequeña luz que amenazaba con apagarse en cualquier momento. Todo dependía de que yo mantuviera viva esta luz. De pronto, tuve la sensación que algo venía detrás de mí. Miré hacia atrás y vi una figura negra gigantesca que me seguía. Pero al mismo tiempo tuve conciencia, a pesar de mi terror, de que yo tenía que mantener mi lucecita encendida a través de la noche y en contra del viento, a pesar de los peligros. Cuando desperté, me di cuenta de inmediato que la figura era mi propia *sombra* en la niebla arremolinada, hecha real por la pequeña lucecita que yo llevaba. Supe también que esta pequeña lucecita era mi conciencia, la única luz que tengo."[21]

La sombra está enraizada en el inconsciente personal (como opuesto al inconsciente colectivo) y contiene todo lo que nosotros "aborrecemos, negamos y reprimimos: poder, codicia, pensamientos crueles y asesinos, impulsos inaceptables, acciones moral y éticamente incorrectas. Todas las cosas demoníacas por las cuales los seres humanos muestran su inhumanidad a los otros seres, es sombra. La sombra es inconsciente; por lo tanto, encontramos nuestra sombra en otras personas, cosas, o lugares" y proyectamos nuestra sombra en ellos. Las proyecciones de la sombra tienen una consecuencia fatal para nosotros. Aquello que ignoramos y proyectamos generalmente regresa a atacarnos.[22]

Nuestra *persona* a menudo se identifica con cosas que son antitéticas (opuestas) a la *sombra*, o sería igualmente correcto proponer que la *sombra* se congrega y se constela alrededor de principios, recuerdos, creencias y percepciones que son la antítesis de la *persona*. El gran peligro que provoca la sombra resulta del hecho de que todo lo que se reúne dentro del *complejo* de la *sombra* es, a menudo, proyectado en otros. Bárbara Hannah explica que: "las proyecciones nos aíslan, rodeándonos con el velo del engaño que oscurece la realidad completamente. (...) Es una tragedia ver cómo las personas llevan sus propias vidas y las de otros a un gran desastre, sin ser capaces de ver cómo toda la tragedia se origina en ellos mismos."[23]

El desarrollo de la *sombra* se produce en conjunto con el desarrollo de la *persona*. Las influencias externas de la familia y la cultura juegan un rol importante en este proceso. Un niño es

atraído, por imitación, hacia los valores y comportamientos familiares y culturales; posteriormente
encontrará una identidad en esta *persona*. Lo que sea
que la familia y la cultura rechace o reprima también
tenderá a ser rechazado y reprimido por el niño.
Gradualmente, las cosas aceptables son contenidas
dentro de la *persona* y el resto es contenido en la
sombra.

En los últimos años, un individuo puede oscilar
hacia lo opuesto e identificarse con las características
de la *sombra* de la familia y la cultura y asumir una
persona contracultural o rebelde. Esto, entonces,
empuja las figuras primarias con las que te has
identificado anteriormente hacia la *sombra* y se
produce un tipo de reversión en la personalidad. Lo
que antes era *sombra* ahora es *persona*, y lo que era
persona ahora es *sombra*.

No se puede no tener *sombra*. El hecho es que
mientras más grande sea la *persona*, más profunda es
la *sombra*. Aun los santos tienen *sombras*. Es porque
son personas y tienen personalidades. Ninguno no
tiene *sombra*.

Comúnmente aparece una persona del mismo
sexo que el soñante, aunque no sea identificable
como una persona real. Esa figura que posee
atributos negativos o siniestros es conocida como una
figura onírica de la sombra.

La *sombra* ha sido llamada nuestro mejor
enemigo. Nuestra sombra nos hace conscientes de
nuestro lado oscuro, escondido, como un mellizo
siniestro viviendo dentro de nosotros, un *doppel-
gänger (el que va al lado, el doble)*. Cuando una
persona abraza la existencia de la sombra, ésta puede

transformarse en una figura interna útil. Es importante recordar que nuestros fracasos nos son necesarios para hacernos más conscientes; nuestros fracasos nos hacen más humanos. La sombra onírica media entre el ego soñante y las fuerzas oscuras del inconsciente.[24]

Estas reflexiones sobre la presencia de los dioses en nuestras psicopatologías, (...), sirven varios propósitos aquí. Son un aventurarse en la psico-patología arquetípica, un intento de entender, considerando la acción de los arquetipos, las dinámicas psicológicas y el significado del com-portamiento patológico. El sufrimiento de los pacientes que traen estos desórdenes del alma a la consulta analítica, no puede ser comprendido sin reconocer la dimensión arquetípica del inconsciente que está operando en el trasfondo.

Estos pensamientos también pretenden pro-yectar algo de luz en cómo y por qué los contenidos reprimidos de la *sombra* regresan a la conciencia en la mitad de la vida, especialmente durante su período de liminalidad.[25] Jung agregó la siguiente definición de esta figura: "Por *sombra* entiendo el lado "negativo" de la personalidad, la suma de todas esas cualidades escondidas desagradables, las funciones no suficientemente desarrolladas y los contenidos del inconsciente personal."[26] Jung describió esta fase del proceso de individuación como el encuentro con la *sombra*.[27]

Capítulo 4
Ego
Leonard Cruz & Steven Buser

Comúnmente asociamos al ego con el aspecto de nosotros mismos que es identificado como "Yo". Sin embargo, el ego empieza a formarse aun antes de que el niño empiece a referirse a sí mismo como Yo. Uno puede especular que cuando el niño empieza a reconocer la diferencia entre sí mismo y no sí mismo se empiezan a juntarlos primeros rasgos del ego. Refiriéndose al ego, Jung escribió: "Forma, por así decirlo, el centro del campo de la conciencia."[28] Es "Yo" cuando tú hablas y dices, "Yo soy" o "Yo quiero" y no tiene una identidad específica en sí mismo. Un nombre le presta identidad al "Yo", de manera que una niña llamada Sara podría decir "Sara quiere" antes de decir "Yo quiero".

La identidad del ego se extiende en muchas direcciones, incluye nacionalidad, género, tribu, religión, etc. Si a un niño no se le diera un nombre, igual tendría un ego, no sólo una identidad de nombre. Se podría identificar con su familia o

hermanos. Los nombres de pila son bastante re-
cientes en la historia humana. Anteriormente, el
individuo tenía simplemente un apellido y tal vez
más adelante se le podría decir un apodo como
"grande" o "fuerte". El ego busca una identidad y la
encuentra a través de la identificación con algo, como
un nombre o una cualidad. El ego quiere ser distinto.
Si alguien quisiera experimentar con el poder del
nombre para anclar el "Yo," uno podría cambiar de
nombre y ver qué aspectos del "Yo" cambian. Las
personas que tienen cirugías de cambio de género y
que también cambian sus nombres, siguen hablando
del mismo "Yo", aun si el nombre y el cuerpo han
cambiado radicalmente.

El ego es necesario para la evolución de la
conciencia. El ego es, al mismo tiempo, el sujeto que
queremos examinar y la herramienta que usamos para
empezar a examinarnos. Jung le prestó mucha atención al ego y en su libro *Aion* deja claro que su
concepto de sí mismo no reemplaza al ego. Para Jung,
el sí mismo es toda la personalidad. El ego no es
idéntico con el campo de conciencia sobre el cual
descansa. Sin embargo, sí provee "un punto de
referencia" para el campo de conciencia y un punto de
partida en el camino del auto conocimiento e individuación.

Dado que es el punto de referencia para
el campo de conciencia, el ego es el sujeto
de todos los intentos exitosos de adaptación
en la medida en que estos sean logrados por
la voluntad. El ego, por lo tanto, tiene un
papel importante que jugar en la economía
psíquica. Su posición ahí es tan importante

que existen buenas bases para la pre-concepción de que el ego es el centro de la personalidad y que el campo de conciencia es la psique per se.[29]

Si no fuera por las distorsiones intro-ducidas por el ego, habría menos necesidad de explorar los dominios inconscientes. Jung destacó que: "Es, a menudo, trágico ver cuán descaradamente un hombre estropea su propia vida y la vida de otros y, sin embargo, permanece totalmente incapaz de ver cuánto toda la tragedia se origina en él mismo, y cómo continuamente la alimenta y la mantiene viva."[30]

Una de las primeras distinciones que hay que hacer para entender el mapa de la vida psíquica es la diferenciación entre consciente e inconsciente. Pensemos el inconsciente como los contenidos psíquicos de los cuales no nos damos cuenta, que no podemos soportar saber. Lo que el ego no tolera, o lo que encuentra inaceptable, lo reprime en los dominios inconscientes. Finalmente, el ego llega a ser el almacén de nuestra habilidad para reconocer nuestra propia imagen y nombre, como también nuestra capacidad para ejercer nuestra voluntad y tomar decisiones. Guía y dirige nuestras acciones.

El ego despliega una notable continuidad a lo largo de la vida. Existe una gran verdad en las palabras del poeta William Wordsworth: "El niño es el padre del hombre."

A su debido tiempo, el desarrollo del ego es moldeado y coloreado por su encuentro con la sociedad y la cultura. El núcleo central del ego, que empieza a fusionarse mucho antes que el niño sea capaz de decir "Yo", es encajonado por nuestra cultura ambiental que tiene cada vez mayores grados de influencia. Jung describió ese núcleo más profundo del ego como la Personalidad N° 2. Él apodó Personalidad N°1 al ego que toma las cualidades y características impuestas por las fuerzas culturales. La Personalidad N°1 está moldeada por la cultura y el medio ambiente en el cual el ego se desarrolla.

El Dr. Stein destaca que el núcleo del "Yo" permanece el mismo desde el comienzo y hasta el final de la vida, pero sus circunstancias cambian con el tiempo. En consecuencia, el sentido de mí mismo cambia en la medida que me desarrollo psicológicamente. Tengan presente que el *sentido de sí mismo* no es lo mismo que el sí mismo; es un espejo aproximado o un aspecto del sí mismo. Si te haces consciente de la *persona*, la *sombra*, el *ánima*, el *ánimus*, los *complejos culturales y las identificaciones*, entonces el sentido del sí mismo se expande y se concentra al mismo tiempo. A lo largo de nuestras vidas, el "Yo" o el sentido del sí mismo llega a ser como un mandala, una imagen compleja que a menudo simboliza el cosmos o un microcosmos del cosmos, que transmite un sentimiento de totalidad que mantiene un centro. Para parafrasear el poema de W.B.Yeats: *The Second Coming (La Segunda Venida):* "Las cosas se desmoronan, el centro se **puede** mantener." En la vida de la psique, el "Yo" es el centro que no sostiene, mientras que el Self es el centro arquetípico que sí sostiene.

Recientemente se le preguntó al Dr. Stein por sus pensamientos en relación a si "el mundo es, o no es, un complejo", una idea propuesta por uno de los miembros de los *BTS*. Él contestó: "Hablamos de 'complejo del ego' para ponerlo en una perspectiva más amplia de toda la psique. A menudo se piensa que es todo lo que hay en la psique. En verdad, es sólo una parte – una pequeña parte – del todo. Si tú dices: 'el mundo es un complejo', me imagino que estás haciendo lo mismo – es decir, poniendo tu imagen del mundo en una perspectiva más amplia y diciendo que hay más en la realidad de lo que tú conoces o puedes aun imaginar. Esto relativiza el término y también muestra las limitaciones de la frase."

Jung no separa psique y soma. Son de la misma substancia, dos lados de una misma moneda. Interactúan entre sí constantemente. El sí mismo es un todo hecho de un cuerpo, psique y espíritu. En este sentido, Jung era un médico y un psiquiatra y estaba, por lo tanto, bien familiarizado con la cercana conexión entre psique y soma.

Jung sostenía que el ego tiene una cierta cantidad de "excedente" de energía libre a su disposición. Esta energía está disponible para ser usada por el libre albedrío y es la energía disponible para hacer cultura. La mayoría de las personas piensan que tienen más libre albedrío de lo que realmente poseen, porque no tienen conciencia de lo que verdaderamente los motiva. Por lo menos, parece que los humanos pueden tener la voluntad para vivir y la voluntad para morir. Lo que hacemos con nuestro libre albedrío es muy importante. Todas las criaturas tienen una cierta cantidad de conciencia, pero pocas especies tienen la capacidad de desear algo que va en contra de lo que dictan sus instintos. Los humanos parecen ser excepcionales en este sentido.

También se le preguntó al Dr. Stein, si las sociedades que valoran mucho a las personas que se acomodan, obstaculizan la individuación. Contestó de la siguiente manera: "Sí, porque la *persona* excluye otras posibilidades para la vida y el desarrollo. Pero, a su vez, demasiada libertad también trae otros problemas. Uno tiene que elegir un camino y seguirlo. En las sociedades tradicionales, el camino está dado por el status social, la clase, el género y otras cosas que definen a una persona. En sociedades más abiertas, los individuos son libres de encontrar sus propios caminos. Algunas veces hay demasiadas elecciones, de hecho, tantas elecciones que una persona nunca llega a tomar una decisión, se paraliza. La individuación necesita una cierta cantidad de lucha y conflicto entre el sí mismo y la sociedad, pero tiene que ser balanceado."

Capítulo 5
Ego, el Sextante de la Vida Psíquica
Leonard Cruz & Steven Buser

El ego existe en la superficie de la vida psíquica. Abarca todo lo que se quiere decir cuando decimos "Yo".

Cuando se trata de conducir nuestra personalidad, el ego es como un sextante, una herramienta usada por los marinos para ubicar sus embarcaciones en el mar.

Cuando el sol ha salido, el sextante puede determinar la latitud en que uno se encuentra al comparar la posición del sol con el horizonte. Luego en la noche, el sextante utiliza los ángulos entre los objetos celestiales y el horizonte para establecer una ubicación más completa y precisa en la superficie de la tierra. Igualmente, la comprensión que obtenemos de un auto-examen puramente solar, consciente (ego y *persona*) es incompleta sin la comprensión adicional obtenida a través de nuestras exploraciones inconscientes, nocturnas y más profundas. Igual como el sextante que presta poca ayuda para explorar los confines del universo o las profundidades del océano y los dominios subterráneos, el ego está pobremente equipado para explorar el inconsciente colectivo o el inconsciente personal.

Los aspectos de la psique que son conscientes son los elementos que conocemos, los que podemos identificar rápidamente y de los que podemos hablar. El ego es una entidad consciente que controla lo que es permitido entrar a la conciencia; mantiene el material inconsciente en suspensión. Lo que el ego determina como inaceptable, demasiado cargado emocionalmente, demasiado doloroso para contenerlo o, simplemente, lo que es inconsistente con su ideal (el ideal del ego), es excluido del darse cuenta consciente. La polarización en opuestos es lo que produce la escisión entre *persona* y *sombra*.

Existe otra polaridad relacionada al ego que vale la pena mencionar. Jung describió el *ánima* – la figura interior femenina en la psique de un hombre – y el *ánimus* – la figura interior masculina en la psique de una mujer. Esta es la: "estructura psicológica que interactúa con el inconsciente colectivo en el interior, que corresponde a la *persona* que interactúa con el mundo social colectivo."[31] Jung le dio mucha importancia al hecho de conocer y familiarizarse con la *figura contrasexual* (ánima para los hombres y ánimus para las mujeres).

La individuación implica integrar aspectos de la *sombra* que abren la puerta al inconsciente personal, e integrar aspectos del *ánima/ánimus* que abren la puerta al inconsciente colectivo arquetipal.

¿Qué es finalmente lo que induce a un hombre a seguir su propio camino y salir de la identidad inconsciente con la masa como de una niebla envolvente? (...) Es lo que normalmente se llama vocación: un factor irracional que destina a un hombre a emanciparse de la multitud y de sus caminos ya bien gastados. ... Cualquiera que tenga una vocación escucha la voz del hombre interior: es llamado.[32]

Una cosa más merece ser mencionada. Jung usó el término *enantiodromía* para describir la tendencia inherente de la psique de escindir las cosas en pares de opuestos. "Yo uso el término enantiodromía para la emergencia del opuesto inconsciente en el curso del tiempo. Este fenómeno característico ocurre, casi siempre, cuando una tendencia extrema, unilateral, domina la vida consciente; con el tiempo se construye una contraposición igualmente poderosa." A veces el ego es capaz de "una reversión extrema en su opuesto."[33]

Un ejemplo notable de esto es narrado por Marlowe en *The Heart of Darkness (El Corazón de la Oscuridad)* de Joseph Conrad. El narrador cuenta cómo el noble, civilizado e idealista Kurtz padece una reversión total para llegar a ser una figura como de un dios maléfico, brutal, salvaje, loco, entre los que previamente habría pensado civilizar.

El lector notará que la palabra psique y alma en general se usan indistintamente. Esta convención refleja que las dos palabras comparten una cercana

afinidad y sirve para recordarnos que permanezcamos humildes en nuestro auto-examen.

Capítulo 6
Mapas, Percepción & Apercepción
Leonard Cruz & Steven Buser

El mapa no es el territorio. (Alfred Korzybski)

"Recientemente me preguntaron por el mapa de la psique. Expliqué que el mapa del alma es una guía hacia el mundo interno de los sueños, las fantasías, las reacciones emocionales y los estados anímicos, el significado y el sentido de la atracción y de la repulsión y el proceso de desarrollo psicológico desde el nacimiento hasta la vejez y la muerte. Mi intento en este libro (Map of the Soul, Open Court, 1998) es ayudar a la gente a identificar y nombrar lo que está sucediendo en sus psiques cuando sueñan, imaginan, reaccionan emocionalmente ante otras personas y cambian en la medida en que enveje-cen."(Murray Stein respondiendo a una pregunta puesta por los ARMY, fans de BTS).

Los mapas de Jung son sutiles y sugerentes. Lo que les falta en detalles lo compensan señalando dónde se pueden encontrar tesoros psicológicos. La individuación, el proceso de integración de los contenidos inconscientes en la conciencia, es como transmutar el oro psicológico del plomo.

"Todos tenemos oro interior. Uno no lo crea, pero sí tiene que descubrirlo. (...) Cuando despertamos a una nueva posibilidad en nuestras vidas, a menudo la vemos primero en otra persona. (...) Proyectamos nuestro oro en alguien y, de pronto, estamos fundidos con esa persona, [y ella] se ve tan luminosa que brilla en la oscuridad. (...) Cuando observamos las cosas que les atribuimos a la otra persona, vemos nuestra propia profundidad y sentido."[34]

El renovado interés actual en estudiar a la *persona* ha estado muy influenciado por un grupo de siete jóvenes reflexivos y solidarios de Corea (*BTS*). La *persona* es una puerta de entrada a encuentros más profundos con el sí mismo. La persona que se hace consciente de la *persona* e integra los aspectos que antes eran inconscientes, abre la puerta a una vida más auténtica y plena.

Las únicas herramientas que la persona tiene a su disposición para navegar por el territorio interior son elementos de la vida psíquica misma. Usar el darse cuenta consciente para examinar *toda* nuestra psique es un poco como tratar de mirarse la cara sin tener un espejo. Podrás ver partes de tu nariz, tus labios, cejas y mejillas, pero estas son una pequeña porción de tu cara completa.

Jung hizo claras distinciones entre "percepción" y "apercepción". Una percepción surge de cualquiera de nuestros cinco sentidos. Un estímulo como una corriente de fotones (luz) u ondas sonoras (audición) llega a nuestros ojos u oídos respectivamente. Estos órganos responden al estímulo y esto es lo que se entiende por percepción. En un sentido, todos vivimos en un mundo virtual impregnados con nuestras ilusiones y alucinaciones. Una apercepción consiste en la interpretación dada al estímulo. Aunque éste parece ser un buen punto, esta sutil distinción nos mantiene humildes. Nos recuerda que aunque sea el mejor mapa, no es el territorio. Un ejemplo puede ayudar a distinguir entre percepción y apercepción.

La sirena de un vehículo de emergencia hace sonar una señal penetrante. Supongamos que el sonido le llega alos oídos de dos personas al mismo tiempo. Una persona salta de la cama y empieza a vestirse inmediatamente con ropa anti-fuego, se pone un casco anti fuego y corre hacia la bomba de incendios. La otra persona que está justo con-duciendo frente a la estación de bomberos cuando suena la alarma, mira a su alrededor y tiene una sensación de urgencia, de actuar como la ley lo exige. El sonido que llega a los oídos de las dos personas es una percepción. El bombero interpreta la alarma como una llamada a la acción y se embarca en una rutina bien ensayada que lo alista para combatir el fuego o una emergencia. El que va manejando siente una llamada a la acción muy distinta e inmediata-mente busca un camino seguro para salirse y ponerse al costado del camino. Interpretan el estímulo de manera diferente. Sus interpretaciones del estímulo eran apercepciones.

Formamos distintas apercepciones basadas en una combinación de tendencias innatas, experiencia de vida, entrenamiento y aculturación. Como niño, el bombero era, tal vez, el que se acercaba a los ruidos fuertes con curiosidad y deseos de explorar, mientras que el conductor puede haber mostrado una tendencia a retraerse de los estímulos intensos y nuevos. ¿Significa esto que el bombero estaba destinado a seguir una carrera que implicara correr tras los incendios y el conductor estaba destinado a huir? Es dudoso, pero ¿quién lo puede decir? Deseo hacer notar dos puntos. Las percepciones y las interpretaciones de nuestras percepciones son diferentes, y lo que modela nuestras interpretaciones puede incluir nuestra biología, nuestra historia, nuestra cultura y más.

Capítulo 7
Rupturas & Mitad de la Vida
Leonard Cruz & Steven Buser

Los hechos de vida destructivos que hacen añicos nuestro conocido y familiar sentido de "Yo", a menudo abren grietas y hendiduras en el ego, a través de las cuales entra la luz de la iluminación inconsciente. El ego intentará alejar estos momentos ya que el material que irrumpe desde el inconsciente es experimentado por el ego como una amenaza mortal.

Hay ocasiones en que el inconsciente nos penetra y se nos hace presente. A menudo estos momentos de iluminación llegan en una tempestad de la vida, una crisis que puede no ser bienvenida al principio. El destino, a menudo, lleva a la persona hasta el punto de abrir una grieta en su ego, al igual como pueden hacerlo las interacciones intensas con los otros. Me veo a mí mismo de una manera determinada, sólo para descubrir que aquellos que me conocen íntimamente ven otra cosa. En estos momentos nos damos cuenta que hay dos fuertes corrientes fluyendo desde el ego.

IngridSelmer-Larsen,
"Jano",c.1938. (Acuarela y grafito
sobre cartón), Galería Nacional
de Arte, Acceso abierto.

La *persona* y la *sombra*, como
Jano, dirigen el paso entre lo que el
ego puede o no puede soportar saber
(conocer). Jano era un dios romano
que presidía los comienzos y finales,
así como las entradas y las transi-
ciones. A menudo es representado
con un busto con dos caras mirando
en direcciones opuestas.

La mitad de la vida es un tiempo de
transición. "Es casi predecible que la sombra
reprimida regresará en la mitad de la vida y
especialmente durante el tiempo de liminalidad de

"Jano" acuarela de Tony Grist,
https://commons.wikimedia.org/wiki/File:Janus.jpg

la edad media [un término que se refiere a tiempos de transición]. 'Adolescente' es generalmente el sentimiento que se describe como acompañante de este regreso: 'Me siento como un adolescente nuevamente.' Tal vez porque las estructuras defensivas en contra del inconsciente son menos capaces de resistir los contenidos reprimidos, o porque el inconsciente está más fuertemente cargado de energía de lo usual y es capaz de penetrarlas, o una combinación de estas dos razones. Los impulsos, instintos, fantasías, anhelos y deseos que fueron anteriormente reprimidos hacen una reaparición poderosa durante la mitad de la vida."[35]

Los caminos de la vida hacia el futuro parecen no estar demarcados y, aun, no trazados; el futuro mismo parece inimaginable en cualquier dirección posible. Detrás está el período de la des-estructuración y separación: un colapso general en la *persona* e identidad, (...), sueños para el futuro e ideales. Estos han sido dejados de lado (...[en la mitad de la vida]...) Ahora el camino es desconocido y ambiguo: los valores colectivos, los ideales de juventud, los antiguos hábitos ya no nos guían más, ahora hay una inseguridad ansiosa acerca de cuál dirección tomar. Una persona parece estar detenida perpetuamente en alguna encrucijada interior, confundida y desgarrada. Las funciones psicológicas y la actitud que han sido guías y consejeras en el pasado son ahora voces desvanecidas; cuando son consultadas ya no parecen ser capaces de persuadir con convicción.[36]

Jung mismo experimentó la transición de la mitad de la vida como un punto de quiebre emocional intenso en su vida, lo llamó una "confrontación con el inconsciente" (1961, pp.170-99); conceptualizó sus etapas y niveles en uno de sus trabajos psicológicos clave, los muchas veces editados y re-escritos *Dos Ensayos en Psicología Analítica*. Lo que él describe ahí es el quiebre de la estructura, que es el equivalente aproximado de lo que Erik Erikson llama la *identidad* psicosocial. Esto está acompañado por la liberación de dos elementos de la personalidad hasta ahora reprimidos e inconscientes: la persona inferior rechazada que uno siempre ha luchado por no llegar a ser (*la sombra*) y detrás de ella, el "otro" contrasexual, cuyo poder uno siempre, por una buena razón, ha negado y evadido (el *ánimus* para una mujer, el *ánima* para un hombre).[37]

Desde un punto de vista intrapsíquico (interior), entonces, lo que necesita ser separado en la primera fase de la transición de la mitad de la vida es una identidad anterior, la *persona*.[38]

Este modo de funcionar llega a una grave crisis a través de la experiencia de una derrota clara, especialmente si la derrota es lo suficientemente grande y ocurre en un momento crítico en la vida, como es el tiempo de la mitad de la vida.

Entonces, se puede abrir una "grieta" en la identidad entre el ego y esta *persona*, entre "quien ahora siento que soy" y "quien he parecido ser ante mis ojos y a los ojos de los demás en el pasado." Mirar esta discrepancia puede ser aterrador. Cuando esa identidad anterior y los sueños en que se basaba se desinflan y se pierden, se produce una repentina comprensión de la vulnerabilidad del ego y de la personalidad de la *sombra*, así como también de los límites en el ascenso de la vida y en sus movimientos expansivos hacia adelante. (...) Este momento de toma de conciencia es crítico para el propósito de separarse de una identificación con la *persona* anterior. Sin la incorporación total de esta toma de conciencia, las defensas naturales del ego volverán a colocar a la *persona* en su lugar y harán lo mejor posible por restablecer su identificación con ella, aunque ahora aparezca un poco falsa y deteriorada, pero aun así, a pesar de todas sus grietas, intacta y dando más seguridad que estar expuesto sin ella (...)

Una persona puede experimentar una derrota extrema en la mitad de la vida, sin que esto resulte, por supuesto, en este "punto aparte" de hacer inventarios y en una separación consciente de la identificación con la *persona* anterior. Aterrorizado ante la perspectiva de enfrentar el futuro sin una identidad conocida ligada a la *persona*, este hombre, o esta mujer, inventan la ilusión que nada es realmente diferente. Entonces, él o ella perseverarán en aferrarse a un patrón anterior, aun después que este haya, efectivamente, desaparecido.[39]

Stein ha dicho en obras anteriores que: "Los complejos son lo que queda en la psique después que ésta ha digerido la experiencia y la ha reconstruido en objetos internos. El análisis intenta dejar al descubierto los complejos y exponerlos a la reflexión consciente del ego."[40] Una vez que los complejos se desarrollan, ellos modelan el comportamiento de maneras que son parecidas a los instintos en otras especies. Al igual que un instinto, no reconocemos conscientemente a los complejos cuando guían nuestras elecciones, preferencias, aversiones y comportamiento. A diferencia de los instintos, no son innatos, son construidos.

De acuerdo a Jung, los complejos son: "los actores en nuestros sueños, a quienes confrontamos tan ineficazmente (...) estos complejos endiablados son imposibles de educar." (Jung, CW Vol. 8, par. 202) Los complejos demuestran ser figuras irascibles que rehúsan hacer lo que el ego manda. El núcleo de un complejo "resulta estar hecho de dos partes: una imagen o huella psíquica del trauma originario y una parte innata (arquetípica) estrechamente asociada a él."[41]

Existe una función inversa entre la fuerza de un complejo y la libertad del ego para elegir su propio rumbo. "Mientras más fuerte sea el complejo, más restringe la libertad de elección del ego."[42] Debemos darnos cuenta que no todos los complejos surgen de un trauma. Jung hizo notar que los complejos también pueden surgir cuando uno confronta un "conflicto moral, que en definitiva se deriva de la aparente imposibilidad de sostener la totalidad de la propia naturaleza."[43]

"El sociópata es una persona sin conciencia o sentimiento de empatía por los demás. No hay ni vergüenza ni culpa cuando roban a otros o los hieren. Generalmente son personas que no han recibido amor y aceptación en sus vidas. Tal vez sus padres los rechazaron o abusaron de ellos, entonces hacen lo mismo con sus propios hijos. Pueden ser también muy inteligentes al usar *personas* que son encantadoras y seductoras. No existe una conexión interna entre la máscara ("*persona*") y el ego egoísta."

"Al igual que el psicoanálisis Freudiano, la psicología Junguiana busca superar la represión y elevar el aspecto *sombrío* de la personalidad individual a la conciencia, como también deconstruir la conocida muletilla del ego como el centro estable y privilegiado del universo psíquico. Yendo más allá del psicoanálisis, sin embargo, también busca establecer una permanente comunicación con lo que Jung llamó el espíritu del inconsciente colectivo. Este es un nivel más profundo de alma de lo que revelan las visiones de la psicología del ego. Ese movimiento tan radical demanda un arduo trabajo psicológico. Su meta final es tomar conciencia e integrar los niveles somáticos, psicológicos y espirituales de ser en niveles individuales y colectivos,"[44]

La llamada a la individuación nos lleva más lejos y, si es exitosa, nos libera de la trampa de repetir indefinidamente los patrones que nos han condicionado. La convicción fundamental es que los seres humanos están evolucionando en la conciencia, individual y colectivamente, que nosotros podemos participar en este proceso y darle energía de maneras muy específicas, sólo si sabemos cómo hacerlo. Para este fin, aunque no puedo dar recetas, espero ofrecer algunas pistas que serán de ayuda."[45]

La tarea de la individuación es separar la personalidad única de la arquetípica, que a menudo sustituye la individualidad real."[46]

La individuación "es un proyecto de elevación y desarrollo de la conciencia, para decirlo de la manera más fácil posible." Esto supone formar una relación consciente con los varios aspectos de la propia personalidad, lo cual es el reverso de seguir identificándose con las figuras más prominentes de nuestra psique y llegar a estar controladas por ellas.

El proceso de individuación en los adultos avanza en dos movimientos principales. El primero tiene que ver con quebrantar la inconsciencia a través de un riguroso análisis. Los alquimistas le habrían llamado a esto *separación, la* separación de elementos mezclados. Esta separación analítica incluye desmembrar ambas identidades que uno ha forjado, por una parte, con figuras y contenidos que tienen sus raíces en la realidad externa a la psique, (es decir, otras personas y objetos) y, por otra, con aquello que se cimenta primero yante todo, en la psique misma (las así llamadas figuras internas...). Este movimiento de desidentificación produce la formación de una conciencia más lúcida, un espejo limpio. El segundo movimiento, que entra en acción simultáneamente, requiere prestar cuidadosa y continua atención a la emergencia de imágenes arquetípicas del inconsciente colectivo cuando aparezcan en sueños, imaginación activa y eventos sincronísticos. Este movimiento implica aceptar este material en los patrones del funcionamiento consciente y de la vida diaria [Aquí es donde puede ser muy útil mantener un diario de día y otro de noche].

La individuación requiere separar las piezas del tejido enredado de motivos y sí mismos parciales que constituyen nuestra psique y diferenciar las partes, en otras palabras, luchar con el propio carácter y tomar alguna distancia de él. Por otra parte, exige permitir que las nuevas estructuras emergentes de la psique entren en la conciencia y que se integren a una nueva totalidad. En resumen, significa poder potencialmente abrazar todas las dimensiones del Self con un grado de aceptación y respeto. Lo que la psicología Junguiana ofrece es un método para sostener las paradojas de la psique en la conciencia y llegar a acuerdos con su complejidad.[47]

"En resumen, el principio de individuación define algo esencial acerca del ser humano. Es un impulso absolutamente fundamental en el sujeto humano el lograr distinguirse uno mismo del propio ambiente. Esto es individuación, al menos en parte, y la energía para su creación es un hecho de la conciencia humana. Llegar a ser una persona implica, necesariamente, crear distinciones y separaciones. El impulso para crear especificidad en la conciencia humana, para llegar a ser quién o qué es uno natural-mente, está enraizado en la naturaleza. Por lo tanto, buscar la individuación, concuerda con la naturaleza humana. El movimiento hacia la individuación no es opcional, tampoco condicional, ni está sujeto a los caprichos de las diferencias culturales. Es un hecho, aunque, por supuesto, muchas personas lo ignoran. Lo reprimen y se distorsionan en laberínticos intentos para evitar reconocer su presencia, por el miedo de aparecer no conformistas o ser vistos como "diferentes".[48]

Un individuo único, cuya naturaleza esencial es diferente, es movido por un impulso a hacerse con-sciente y llegar a ser algo aparte, algo único. Mientras esto se consigue, una persona descubre (o tal vez crea) la paradoja de la complejidad, es decir, los opuestos psicológicos. Los pares contrastantes de cualidades opuestas que contribuyen a nuestra diferenciación y preferencias, también pueden hacer que una persona sea vulnerable y se identifique con uno u otro en un par de opuestos. La persona individual se siente atraída a identificarse con un lado del par y a mantenerse alejada del otro. De esta manera se logra la primera parte de la definición, el sí mismo y otro llegan a ser un par de opuestos. Y se crea la *sombra*. Aquí nace también la ilusión de la diferencia, porque mientras este es un paso en dirección a la individuación, no es todavía la cosa genuina, porque las cualidades con las que nos hemos identificado son colectivas. Este no es todavía el individuo. Ese está aún por emerger. Esta etapa que se identifica con el colectivo "describe la formación de la identidad durante la adolescencia."[49]

Capítulo 8
Signos y Símbolos
Leonard Cruz & Steven Buser

Jung recalcó que lo que una persona percibe está limitado por los lentes a través de los cuales percibe las cosas. Hizo una distinción entre una percepción y una apercepción. Nuestra historia personal (tanto consciente como inconsciente), junto con influencias culturales externas, determinan las características particulares de esos lentes y filtros a través de los cuales deben pasar nuestras percepciones.

Jung reconoció que una manera poderosa en que las percepciones se nos re-presentan es a través de un signo o un símbolo. Él entendía que el símbolo es un método primario a través del cual el inconsciente se comunica. Un signo y un símbolo son diferentes. Los símbolos pueden representar muchas cosas al mismo tiempo, mientras que los signos son más específicos en lo que significan.

Signos:
Por ejemplo, el logo de las Publicaciones Chiron es un signo que apunta muy específicamente a una compañía que

empezó a comienzos de los '80 y está actualmente localizada en Asheville, Carolina del Norte. El signo es tan específico que si alguien más fuera a usarlo vulnerarían la singularidad del logo.

Símbolos:

 En contraste, piense en este símbolo de la paz en blanco y negro. Sugiere la idea de paz y también un período de protesta civil que surgió en los últimos tiempos de la guerra de Vietnam. La paz es una idea multifacética y de múltiples capas. El símbolo es más implícito y sugerente que un signo.

 Si simplemente ponemos alambre de púa alrededor del símbolo de la paz, entonces éste puede sugerir lucha o aún los esfuerzos recientes para fortificar nuestras fronteras nacionales.

El encuentro con un signo o un símbolo es, en general, más poderoso y significativo que la percepción original y, ciertamente, más poderoso y significativo que las palabras. Hay momentos en los que un antiguo y profundo símbolo puede ser cooptado y transformado en signo.

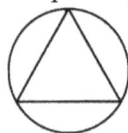 Por ejemplo, el símbolo de un triángulo dentro de un círculo es una antigua figura geométrica que sugiere muchas cosas, desde la naturaleza trina de lo divino a tradiciones herméticas y mucho más.

Es tan común, que aparece con un ojo que todo lo ve en la moneda de Estados Unidos de América, también se asocia con los Rosacruces.

Ese símbolo forma la base de una imagen que está identificada con los Alcohólicos Anónimos, AA. El símbolo pasó a ser un signo al haber tomado un símbolo profundamente integrado de un triángulo dentro de un círculo y haberlo reducido a un logo muy específico de un movimiento de apoyo entre pares, cuyo fin es respaldar a personas en recuperación.

Con esto se disminuyó el misterio, la amplitud y la profundidad del símbolo.

Los símbolos emergen desde el inconsciente y pueden ser herramientas poderosas en nuestras exploraciones psicológicas. Jung consideró los sueños como representaciones simbólicas de los contenidos inconscientes que tienen dos fuentes: una fuente externa en el mundo alrededor (por ejemplo, las cosas que percibimos), y una fuente interna en el mundo psíquico del inconsciente. Para llegar a estar consciente de los contenidos internos inconscientes, el soñador es nuevamente expuesto a los símbolos. ¡Las palabras nos fallan! Cuando nuestros contenidos conscientes y nuestras palabras no alcanzan, vemos que otras formas, como los símbolos, pueden comunicar.

La música es una de las experiencias más evocativas, nos basta sólo con mirar a las multitudes que se reúnen en los conciertos de las bandas más populares para ver la forma en que los contenidos inconscientes pueden penetrar y hacerse conocidos a nuestros sí mismos conscientes. De hecho, el notable impacto que *BTS* está teniendo en sus audiencias y sus fans ARMY, es inspirador. La banda está uniendo música con mensajes universales de maneras que Jung reconocía como enraizadas en el inconsciente colectivo. El arte, las imágenes oníricas, películas y otras modalidades proporcionan entradas a través de las cuales el inconsciente surge a la conciencia. Una forma de aprovechar nuestros contenidos inconscientes es honrar y respetar nuestros sueños y experiencias simbólicas. Cuando aprendemos a reconocer las claves simbólicas, encontramos que el arte, la música, el movimiento, la escultura y el juego pueden, todos ellos, promover la penetración del material inconsciente en la conciencia.

Capítulo 9
Tu Cara, Tu Nombre, Tu Sí Mismo
Leonard Cruz & Steven Buser

"Ningún hombre, por ningún período
considerable, puede usar una cara para sí mismo
y otra para la multitud, sin finalmente, quedar
desorientado ante cuál puede ser la verdadera."
(Nathaniel Hawthorne, *The Scarlet Letter*
[La Letra Escarlata])

Somos seres sociales. Los investigadores modernos nos dicen que nuestro lenguaje se desarrolla a través de un intercambio recíproco, de ida y vuelta, con otros seres humanos, que empieza con simples ruidos arrulladores. El reconocimiento facial y la discriminación empieza en una edad muy temprana y aun la máscara que usamos empieza a ser manufacturada cuando somos muy jóvenes.

Líneas convergentes de evidencia apuntan al hecho que la habilidad para reconocer caras empieza desde el nacimiento.[50] Varios estudios han mostrado que, alrededor de los 3 meses de edad, los niños muestran preferencias por caras de su propia raza, a menos que estén expuestos a las caras de muchas personas de otras razas. Esto sugiere que la cara que nos presentamos el uno al otro y las respuestas que nuestras caras provocan en los demás, están entre las primeras características del desarrollo psicológico.

Nuestra cara es uno de los componentes centrales que asociamos con nuestro sentido de "Yo". Hemos aprendido que las personas que sufren trasplantes faciales deben estar preparadas para experiencias profundamente desorientadoras cuando se despiertan de la cirugía y ven la cara de otra persona al mirarse al espejo. Los experimentos hechos usando la tecnología de la realidad virtual puesta en un maniquí y traspasándole información al sujeto, han mostrado que mirarte a ti mismo a través de esa puesta en escena causa, a menudo, breves períodos de desorientación y experiencias extracorporales. Tal vez estas cosas subrayan hasta qué punto nuestro sentido de "Yo" está ligado con nuestra cara.

En el nivel más básico, cuando vemos nuestra propia cara en un espejo y la luz golpea nuestra retina, esto es una percepción. Mientras que la forma en que interpretamos lo que vemos es una apercepción. Una mañana cualquiera podemos despertar con un ánimo desolado, la cara que vemos es muy diferente de la que vemos una mañana en que nos despertamos alegres. Esto está en el corazón de lo que Jung quería aclarar al distinguir entre percepción y apercepción. La apercepción consiste en todo lo que le atribuimos a una percepción.

Nuestra cara e identidad están profundamente relacionadas entre sí, sin embargo, no podemos mirar directamente a nuestra propia cara. Nunca nos vemos realmente como otros nos ven, excepto en una película (aun la imagen de un espejo es poco seria.)

Psicológicamente no nos vemos ni nos percibimos de la misma manera en que otros nos ven y perciben. El ego tiende a desordenar las cosas. Esto deriva en una amplia franja de quiénes estamos escondiéndonos de ser vistos. No debería sorprendernos que cada persona parezca justificada ante sus propios ojos.

Lo que identifica a una persona incluye su apariencia física, su historia y los nombres por los que es conocida. El Dr. Stein, usando una parte de un poema de T.S.Eliot, insinúa que tenemos tres nombres. Uno es privado y conocido sólo por nosotros. Incluso nuestro nombre tiene un nivel que es oculto e inefable. Hay más que decir acerca de esta idea, pero simplemente reconozcamos que, hasta algo tan directo como nuestro nombre, es una cosa de múltiples capas ricamente texturizada. Con todo, hay cosas incorporadas en nuestro nombre que permanecen inconscientes para nosotros. Muy a menudo cualquier cosa que permanece inconsciente regresa a nosotros de alguna manera o de otra. Esto ocurre algunas veces con consecuencias fatales.

Jung dijo: "Hasta que no hagas consciente el inconsciente, éste dirigirá tu vida y lo llamarás destino."

Con demasiada frecuencia una persona reconoce, después de los hechos, que inconscientemente ella fue la autora de los momentos trágicos de su vida. En parte, esto resulta de nuestra incapacidad de contemplar objetiva y fielmente nuestra situación, especialmente los aspectos de nuestra situación que están contenidos en el inconsciente. El ego no puede contemplarse por completo.

Jung estaba muy consciente que nuestro conocimiento de la conciencia es limitado. Esto no quiere decir que no seamos rigurosos en nuestras indagaciones, pero debemos aceptar que no podemos ser totalmente objetivos con respecto a nuestra propia conciencia. El Dr. Stein observa que Jung muchas veces dijo que a la psicología le falta un punto de Arquímedes desde donde contemplar la psique. El punto de Arquímedes es un punto de vista hipotético desde donde un observador puede contemplar y percibir, con completa objetividad, algo que está siendo estudiado.

La física moderna nos ha mostrado que el acto de observar cambia el campo que está siendo observado. Hemos aprendido que el observador y lo observado no pueden ser separados.

Al final de su carrera, Jung se hizo amigo con el físico Wolfgang Pauli. Esto puede haber contribuido al reconocimiento hecho por Jung de la imposibilidad fundamental de un punto de referencia de Arquímedes, completamente objetivo, cuando se trata de asuntos de la conciencia examinándose a sí misma. Al igual que el físico, cuyas observaciones alteran el campo que está siendo observado, cuando volvemos nuestra atención consciente a nuestra propia psique, se pierde la objetividad.

Estamos limitados por nuestros sesgos. Nos miramos a nosotros mismos, pero no desde una perspectiva externa. Tal vez los extraterrestres nos podrían decir más de nuestras psiques, precisamente porque tendrían un punto de comparación externo.

Capítulo 10
Inconsciente Personal y Colectivo
Leonard Cruz

Algunas cosas existen en el límite de la conciencia y fácilmente penetran en ella. Me olvido dónde dejé las llaves del auto y con un poco de esfuerzo lo recuerdo. Estos momentos prueban que existe una región del inconsciente que está más allá de nuestro darnos cuenta inmediato, pero no es totalmente inaccesible. Esta región del inconsciente es pocas veces relevante.

Por otra parte, existen regiones más profundas y más inaccesibles del inconsciente que resultan ser más difíciles de recuperar. Estas son normalmente más significativas y están emocionalmente más cargadas. Al comienzo de su carrera, Jung dirigió experimentos de asociación de palabras en los cuales medía las respuestas emocionales del sujeto a las palabras que se le presentaban. Descubrió que algunas palabras provocaban una carga emocional significativa para una persona y que estos grupos de palabras están a menudo asociadas con recuerdos traumáticos. Este fue su primer encuentro con los *complejos*.

Jung encontró alguna evidencia de que los complejos eran compartidos entre madres e hijas y padres e hijos. Los complejos culturales también pasan a la nueva generación. Esto es, en parte, porque somos grandes imitadores. Podemos darnos cuenta del control que nuestros complejos culturales tienen sobre nosotros, especialmente cuando con encontramos con personas de culturas diferentes que reaccionan distinto. Las personas de culturas distintas no comparten nuestros *complejos*. Los Experimentos de Asociación de Palabras de Jung fueron dirigidos más o menos en el mismo tiempo en que Sigmund Freud, el gran psiquiatra austríaco que abrió el camino al psicoanálisis, estaba proponiendo la idea de que los problemas psicológicos eran el resultado de recuerdos de infancia reprimidos que eran traumáticos o inaceptables. Freud celebró la evidencia experimental de Jung, ya que ésta confirmaba la existencia de fuerzas inconscientes que influyen en el comportamiento.

Finalmente, Jung y Freud se separaron, en parte, porque la comprensión del inconsciente de Jung fue mucho más allá de la mera meta de identificar y tratar estados patológicos. Jung consideraba el inconsciente como un gran depósito de nuestro pasado personal (algunas veces traumático), como también de contenidos del inconsciente colectivo que son compartidos por grandes grupos de personas dentro de una cultura, o entre toda la raza humana. Dentro de este gran depósito existen patrones inconscientes recurrentes, como los engramas, que aparecen en los motivos de los cuentos de hadas, mitos, arte, películas y más.

Los elementos del inconsciente colectivo están enclavados en las capas más profundas de nuestra psique. Aunque puedan ser evidentes dentro de una cultura, cualquier individuo de esa cultura puede luchar para identificar los elementos del inconsciente colectivo que influyen en su propia vida. Esto es, en parte, porque no podemos fácilmente separarnos de la cultura en la cual crecemos. Esperar que una persona reconozca las influencias del inconsciente colectivo en su vida es como pedirle a un pez que describa cómo es vivir en el agua; es todo lo que conocemos.

Capítulo 11
Individuación:
Encontrando tu Camino
Leonard Cruz & Steven Buser

Uno de los grandes regalos de Jung a los futuros investigadores fue el mapa que dejó de los dominios inconscientes. A través de sus propias y valientes exploraciones, él distinguió estructuras como los complejos, los arquetipos y los símbolos que le ayudan mucho al investigador psicológico serio.

Para poder explorar el paisaje interno, el ego debe ser llevado a regañadientes. Cada persona debe, con el tiempo, empezar a estudiar para desarrollar un mapa del alma (psique) que es propio. Ese mapa tendrá mucho en común con otros. Cada persona debe emprender un viaje muy personal y explorar el territorio de la psique por sí mismo. Esto requiere que nos alejemos de la cháchara de nuestros tiempos, de nuestra cultura y, algunas veces, también de nuestras familias de origen, de manera de oír el llamado hacia un camino individual. Jung se refirió al camino, que es único para cada uno de nosotros, como individuación.

"El acto de conciencia es central; de otra manera somos rebasados por los complejos. El héroe de cada uno de nosotros está llamado a responder a la llamada de la individuación. Debemos alejarnos de la cacofonía del mundo externo para escuchar la voz interna. Cuando nos atrevamos a vivir sus dictados, entonces logramos personalidad. Podemos llegar a ser extraños para aquellos que creían conocernos, pero al menos ya no somos extraños para nosotros mismos."[51]

BTS empezó una campaña alentando a sus fans con "Amarse a sí mismos". Les sugiriere a sus fans que dejen de compararse con otros, que encuentren algo que quisieran hacer y lo hagan propio, que se descubran a sí mismos mientras leen un libro. *BTS* está ofreciendo su propia estrategia para hacer un mapeo del alma. James Hollis, un analista Junguiano Americano, explica que: "La paradoja de la individuación es que contribuimos mejor en la relación íntima al desarrollarnos lo suficiente como para no tener que alimentarnos de otros."[52]

Jung escribió: "¿Qué es eso, finalmente, que induce al hombre a seguir su propio camino y salirse de la identidad inconsciente con la masa como si saliera de una niebla envolvente? (...) Es lo que comúnmente se llama vocación: un factor irracional que destina a un hombre a emanciparse del rebaño y de sus caminos bien desgastados... Cualquiera que tenga una vocación escucha la voz del hombre interior: es llamado."[53]

Capítulo 12
Complejos
Murray Stein

Una pieza central de la psicología de Jung es el *complejo*. Un *complejo* es un patrón inconsciente de percepciones, emociones y recuerdos organizados alrededor de un tema común o un arquetipo. Al comienzo de su carrera, Jung dirigió pruebas experimentales buscando reacciones emocionales a las palabras. Descubrió que ciertas palabras estaban asociadas con fuertes reacciones emocionales. Sus sujetos relataron que el grupo de palabras que evocaba respuestas estaba asociado con recuerdos emocionalmente cargados, a menudo recuerdos traumáticos. Este descubrimiento convenció al joven psiquiatra que había fuerzas inconscientes actuando. Llegó a la conclusión que había *complejos* en la psique que unían recuerdos, percepciones y energía. Sus ideas acerca del rol central jugado por los complejos cambiaron muy poco durante el resto de su carrera. Los *complejos* son como bloques de construcción de la psique. Dado que los complejos operan de manera autónoma, tienden a interferir con el ejercicio de la propia voluntad. Los complejos también distorsionan las emociones y los recuerdos.

Otros, antes que Jung hiciera sus contribuciones a esta área de estudio, ya habían escrito de los *complejos*. Freud y algunos de sus seguidores habían popularizado ideas tales como el Complejo de Edipo y el Complejo de Inferioridad, pero Jung fue un paso más adelante. Él propuso que nuestra personalidad está compuesta por numerosos *complejos* que funcionan de manera semi-autónoma, como pequeñas sub-personalidades. Algunos *complejos* podrían estar enraizados especialmente en nuestro inconciente personal, mientras que otros *complejos* podrían estar más enraizados en el inconsciente colectivo.

Un *complejo* ejerce una poderosa influencia sobre una persona. Juntan para ellos una inmensa cantidad de energía que pasa a ser bodega para nuestros propios *recuerdos, sueños y pensamientos*. ¿Cómo puede una persona controlar el efecto ejercido por los *complejos*?

Ciertamente, la terapia y el análisis se afanan para soltar el control que los *complejos* ejercen sobre nosotros. En la medida en que los elementos del inconsciente penetran en la conciencia, podemos trabajar con ambos niveles de material inconsciente, el personal y el colectivo. Esto le permite a una persona empezar a construir su propio *mapa del alma*. A menudo, empieza con la tenue conciencia de la *persona*, de la cual podemos llegar a desenredarnos. Es mejor acercarse a esta indagación, a este camino real que lleva a la individuación, con un cierto grado de intrepidez y una gran dosis de amor personal.

No debemos perder de vista el hecho de que estamos continuamente, a lo largo de nuestra vida, agregando material al *complejo*. Los recuerdos, las percepciones y la experiencia se encuentran a través del lente de nuestros complejos. Sí, existen momentos de "iluminación" en los cuales todo el material ligado a los complejos es puesto a un lado y trascendido. Estas pueden llegar a ser experiencias transformadoras, especialmente si hemos pasado mucho tiempo preparándonos para tales encuentros con el alma. Sin embargo, la conciencia normal regresa inevitablemente, la lucha por darnos cuenta de la influencia ejercida por nuestros complejos continúa. Mientras la terapia o el análisis pretenden traer material inconsciente a la luz de la conciencia, el ego en asociación con la *persona*, muestran ser oponentes formidables a este esfuerzo.

La persona que llega a creer que ha dejado para siempre atrás los *complejos* personales y colectivos está viviendo una ilusión; los *complejos* personales y colectivos, las influencias culturales y arquetipales simplemente no quedan atrás de una vez y para siempre. Se puede decir que todo el que caiga víctima de esa locura ha sufrido *inflación*, un estado mental más bien insano y también peligroso, en el cual el ego se identifica con el Self más grande que es la totalidad de nuestra psique consciente e inconsciente.

Hace muy poco me pidieron que opinara sobre el efecto que las enfermedades crónicas, neuro-degenerativas, como el Alzheimer o la Encefalopatía

Traumática Crónica que resulta de golpes repetidos en la cabeza, podría tener sobre los *complejos*. Supongo que cuando la memoria se ha perdido o se ha olvidado, el *complejo* inconsciente puede continuar operando y puede inducir a comportamientos irracionales. En tales condiciones, la mente racional sostenida por la memoria se debilita o llega a estar totalmente ausente, pero la mente instintiva, irracional, permanece. Esto es simplemente una adivinanza de cómo esos procesos patológicos ejercen un impacto en los complejos.

Capítulo 13
Ámate a Ti Mismo, Conoce tu Nombre, Háblate a Ti Mismo
Leonard Cruz

El proceso de individuación implica comunicarse con y hacerse amigo de las figuras internas que aparecen. El uso de la imaginación activa (una práctica de conversar con nuestras figuras interiores), pintar y otras artes creativas, terapia de Caja de Arena y mantener un diario, están entre las herramientas que ayudan a una persona a traer lo inconsciente a la conciencia.

Revelar nuestro verdadero sí mismo puede ser sentido como algo increíblemente peligroso. Existe el riesgo de ser rechazado, condenado al ostracismo y expulsado. Cada compromiso que hacemos, en un esfuerzo por adaptarnos a la sociedad, corre el riesgo de traicionar nuestro auténtico sí mismo. La máscara que usamos se forma con cada acomodo que hacemos. La persona que se sobre-identifica con la máscara que usa se distancia de los aspectos auténticos de la psique. Afortunada es la persona cuya *persona* se empieza a desintegrar.

En la película *El Hombre Araña 3*, el personaje principal se pone en contacto con un material que llega a la tierra en un meteoro. El material tiene una especie de cualidad simbiótica que saca a la luz los aspectos negativos del Hombre Araña. Saca su lado sombra. Vestido con un traje de Hombre Araña negro, este Hombre Araña sombra actúa con venganza, tiene una violencia desenfrenada, aun mata. El drama surge cuando Peter Parker, la persona no súper héroe que también es Hombre Araña, confronta su lado sombra. La verdadera victoria es cuando él se ocupa de su lado más oscuro.

Si te identificas muy fuertemente con una *persona*, después de un tiempo sentirás sólo lo que la *persona* permite. Esto te da fuerzas en algunas situaciones para ignorar emociones distractoras o ataques, pero también puede evitar que pienses de una manera original. La *persona* restringe el pensar y el sentir, especialmente si la máscara está fuertemente pegada a la cara del actor. Él o ella puede ser un buen actor en ese rol específico, pero no estará en sintonía cuando la situación cambie y la máscara ya no encaje bien en el marco.

Cuando la *persona* empieza a desintegrarse, se acelera el proceso de individuación. La *persona* es un elemento psíquico necesario y es posible que su desintegración se sienta como amenazadora. Debe recordarse que esconder nuestra verdadera naturaleza detrás de la máscara – la *persona*– produce efectos insidiosos y malignos. La desintegración de la *persona* cataliza el proceso de individuación.

Recuerde que lo que sea que aparezca en la vida psíquica es considerado como parte de todo el *sí mismo.* Para verdaderamente amarte a ti mismo debes amar TODO tu ser. Si sólo quieres a tu ego,te pierdes la maravillosa totalidad de quien eres. Esto también te hará menos capaz de amar al mundo. Las partes de tu sí mismo que no puedes amar, o peor, las partes que desdeñas, están disponibles para ser proyectadas en los demás. En su extremo, esto puede provocar odio hacia el mundo y hacia los otros. Muy pocas personas que actúan con brutalidad y malevolencia se perciben a sí mismas correctamente. Se nos viene a la mente la frase *los haters gonna hate (los que odian, van a odiar),* popularizada por Taylor Swift en su canción *Shake it Off.*

Como RM de *BTS* dijo en su discurso en las Naciones Unidas, "Ámate a ti mismo, ama al mundo, conoce tu nombre."

"Entonces, todos demos un paso más. Hemos aprendido a amarnos a nosotros mismos, por lo que ahora los urjo a hablarse a sí mismos. Me gustaría preguntarle a cada uno de ustedes ¿Cómo te llamas? ¿Qué te fascina y hace latir tu corazón?

Cuéntame tu historia. Quiero oír tu voz y quiero escuchar tu convicción. No importa quién eres, de dónde eres, el color de tu piel, tu identidad de género: háblate a ti mismo. Encuentra tu nombre, encuentra tu voz al hablarte a ti mismo.

"Yo soy Kim Nam Jun, RM de *BTS.* Soy un ídolo hip-hop y un artista de una pequeña ciudad en Corea."

Quiero regresar a las ideas que el Dr. Stein propuso al referirse al poema de T.S.Eliot "The Naming of Cats" (Ponerles nombre a los gatos.) El nombre que nos es dado, aquel por el que me conoce mucha gente, está profundamente incrustado. Este es un nombre en el que crecemos y es, en general, impuesto. De a poco vamos conectando "Yo" con el nombre de pila que nos han dado. Mientras que un cambio de nombre desconecta a una persona de su nombre de pila, el sentido de "Yo" de esa persona puede no cambiar mucho, siempre habrá otros que sigan conociendo a esa persona por su nombre de pila. Por ejemplo, a los 23 conocí a mi esposa que empezó a llamarme Len y esto reemplazó a mi nombre de pila, Leonardo, o a mi sobrenombre Lenny, pero no entre aquellos que me conocieron antes que yo conociera a mi esposa.

Hay un nombre que mis íntimos conocen. Este es generalmente un sobrenombre o un nombre entrañable como 'Amorcito'. Aun un nombre dado por un matón requiere un cierto grado de conexión íntima. Nos sorprendería, o nos espantaría si un compañero de trabajo nos llamara por el nombre íntimo que usa nuestra esposa. Esto revela que nuestro segundo nombre está reservado para un pequeño grupo de personas, el círculo más estrecho de nuestros conocidos. A medida que el tiempo pasa, también nos convertimos en nuestro segundo nombre. La primera vez que tu polola te dice "Amorcito", puede provocar un efecto distinto de cuando ella te dice el mismo nombre después de años de matrimonio, en los cuales has compartido incontables alegrías y penas.

Finalmente, existe un nombre que sólo nosotros conocemos. Es una reflexión de nuestro ser más privado. Este nombre privado es frecuentemente balbuceado en las regiones de liminalidad, los dominios entremedios. El que es llamado por ese nombre es, a menudo, llamado por otras voces, figuras efímeras no muy diferentes de Filemón que visitó a Jung y momentos sincronísticos que nos hacen señas desde la profundidad.

Cuando estamos en contacto con el reino etéreo, aun los objetos inanimados parecen hablarnos con una voz universal. Para algunas personas, el espíritu de la profundidad llama desde las rocas, los árboles, un libro o una canción.

Me gustan mucho los libros y a menudo he sentido que un libro me habla. Una de mis hijas es una escaladora ávida y creo haberla visto comunicarse con una roca, mientras que mi otra hija ama bailar y parece lograr sentimientos profundos cuando baila o escucha música.

RM de *BTS* urge a sus fans: "Conoce tu nombre." Este es un desafío muy personal.

El nombre más profundo es el nombre que sólo nosotros conocemos y que, algunas veces, aun con nuestro mayor esfuerzo, es difícil recuperar. Mucho de lo que somos permanece inconsciente, descubrirlo e integrarlo a la conciencia requiere una tarea de por vida, un trabajo doloroso.

Los judíos ortodoxos se cuidan mucho de escribir o balbucear el verdadero nombre de Dios. YHWH se usa en lugar de YAHWEH, como una señal de profunda reverencia y reconocimiento. Usar el nombre de Dios sería reducir a Dios. Agustín de Hippo dijo: "Si tú comprendes, entonces no es Dios." Quizás nuestro tercer nombre se parece a la forma reverente en que el pueblo judío se refiere a dios, removiendo las vocales del nombre, dejando un símbolo en su lugar.

Para llegar al lugar donde nuestro verdadero nombre se encuentra, debemos sacudir los efectos de nuestra crianza. Debemos liberar el temor y la cautela que surgen de dolores y heridas repetidas. Debemos desechar la vergüenza asociada con nuestras equivocaciones. Lo más importante: debemos reconocer y liberarnos de restricciones culturales. Aquellos que logran esta última tarea estarán mejor preparados para honrar nuestra humanidad compartida. Si tú esperas vivir auténticamente, tú debes buscar tu nombre más profundo y verdadero.

Epílogo
Murray Stein

Todo ahora depende del hombre
(Jung, *Respuesta a Job, par.* 675)

Yo supe por primera vez acerca del interés que *BTS* tenía en mi trabajo por un estudiante Japonés en Zürich, en la Escuela Internacional de Psicología Analítica. Me sentí gratamente sorprendido al escuchar que uno de mis primeros libros *El Mapa del Alma de Jung* estaba siendo recomendado en el sitio Web de *BTS*. Más adelante, cuando este mismo estudiante me informó que el nuevo álbum se llamaba "Mapa del Alma: Persona" quedé boquiabierto. Esto también me inspiró a escribir un libro corto con el mismo título, en el cual podría presentar muchas de las ideas con las cuales he trabajado por décadas. Me ha tomado un tiempo para acostumbrarme a la idea. Aun no sé lo que significa, pero creo que será de enorme ayuda para introducir a otros a las profundas intuiciones que Jung nos dejó. Estoy especialmente feliz de que las ideas de Jung se estén popularizando entre la gente más joven. Es alentadora la posibilidad de que la gente joven explore seriamente estos temas, le preste atención a vivir más auténticamente, amándose a sí mismos y así creando un mundo más amoroso.

He empezado a escuchar y a estudiar algunos de los primeros trabajos de *BTS*. Me impresionan como un grupo de gente joven seriamente dedicada al pensamiento y a la noble causa del despertar de la conciencia, previniendo alborotos, aumentando la auto-aceptación y peleando contra la plaga de suicidios que acosan muchas partes del mundo hoy, especialmente entre gente joven. Ellos están diciendo que la vida vale la pena. Yo apoyo esto con todo mi corazón. Y tal vez el "Mapa del Alma: Persona" ayudará a apoyar estos valiosos esfuerzos.

BTS tiene un mensaje. Muchos artistas pop también llevan mensajes, pero a menudo es más acerca de la rabia y atropellos que acerca de la conciencia, la identidad, el amor y esos desarrollos psicológicos positivos. Los fans, ARMY, parecen extremadamente dedicados y extremadamente respetuosos.

Debo confesar estar encantado por la forma en que *BTS* ha usado varios libros como *Demián, The Ones Who Walk Away From Omelas, Into the Magic Shop*, para tejer cuentos complejos llenos de simbolismos. La habilidad de la banda para usar un trabajo creativo para inspirar sus logros musicales es fascinante. Puede interesarles a los fans ARMY saber que el Dr. Jung era un hombre que esculpía, construyó una torre hacia la cual se retiraba, compuso un libro llamado *El Libro Rojo*, el cual incluye extraordinarias láminas y caligrafía pintadas a mano y en colores por él mismo. A menudo es una señal de profundidad y flexibilidad psicológica el ser capaz de ser creativo y, aún más, ser creativo en varios géneros.

Yo no sé si asistir a algunos de los conciertos de *BTS* podría ayudarme a comprender por qué su mensaje ha sido tan influyente. Sospecho que *BTS* se comunica con sus fans en muchos niveles, algunos de ellos muy irracionales. Los símbolos son siempre más que racionales y atraen nuestra atención de maneras que no podemos explicar. Sólo podemos reflexionar en el efecto que los símbolos tienen en nosotros y tratar de comprender cómo nos están movilizando.

Jung aún es relevante hoy en día, quizás más relevante que nunca. El valor de las teorías Junguianas sólo ha aumentado con el tiempo, en cuanto las personas las han probado y usado de maneras nuevas. Hoy día los psicoanalistas Junguianos están ubicados en cada continente habitado, los grupos de estudio y programas de entrenamiento pueden encontrarse en todas partes del mundo. En Corea, por ejemplo, Prof. Bou-Yong-Rhi llevó, a mediados de los '60, el entrenamiento Junguiano que recibió en Zürich, Suiza, a Seúl. Él ha sido el responsable de introducir las ideas Junguianas a la audiencia Coreana al traducir muchos de sus trabajos y enseñar a generaciones nuevas de psiquiatras en la universidad.

El movimiento Junguiano continúa creciendo a través del mundo, con especial rapidez en áreas del mundo que no estuvieron expuestas a estas ideas antes del final de la guerra fría en 1990. Ha habido cientos de colaboradores en el área de la psicología analítica desde el tiempo de Jung, las publicaciones continúan saliendo de las editoriales en muchos idiomas. Estoy muy contento de decir que la psicología Junguiana tiene un futuro brillante en este siglo y más allá.[54]

"En la medida en que uno llega a ser un buen ciudadano, un hijo o hija devoto, un miembro comprometido con la iglesia, la escuela y el estado, un empleado confiable, un marido o esposa, un padre o madre, un profesional ético, las personas sienten la seguridad que pueden confiar en personas así y, por lo tanto, darles, a ella o él, su alta estima. Tales personas hablan claramente para la familia, comunidad, nación o aún más, para toda la humanidad, pero no para ellos mismos. Si los individuos que han adoptado tal personaje fiel y estable permanecen inconscientes de su verdadera individualidad, esa individualidad permanece no descubierta y llegan a ser un mero portavoz de las actitudes colectivas con las cuales se han identificado. Mientras esto puede servir, hasta cierto punto, a los intereses personales– porque cada uno de nosotros tiene que adaptarse a la sociedad y a la cultura – y, debido a que una *persona* bien construida es una ventaja significativa para los propósitos prácticos de sobrevivencia y de éxito social, esto claramente no es la meta de la individuación. Es sólo un punto de partida para empezar el proceso de individuación.

De manera suficientemente comprensible, las personas se tientan a detenerse aquí, dado que crear una *persona* que funcione fluida y suavemente no es una tarea fácil. Si la identificación con los elementos personales que construyen a la *persona* es, por un lado, un impedimento a la individuación, por otro, la identificación con las figuras arquetípicas del inconsciente colectivo es quizás otro obstáculo, aun más difícil de sobrepasar (porque son más sutiles)."[55]

Mario Jacoby, un reconocido analista Junguiano escribió lo siguiente: "Un ego fuerte se relaciona con el mundo externo a través de una *persona* flexible; la identificación con una persona específica (doctor, escolar, artista, etc.) inhibe el desarrollo psicológico."[56]

Notas finales

Hall, James A., La Experiencia Junguiana: *Análisis e Individuación*, Inner City, Toronto, 1986, p 19.

Stein, Murray, *Principio de Individuación*, Publicaciones Kirón, Asheville, 2015, p 11.

Stein, Murray, *El Mapa del Alama de Jung*, Perú, IL, 1998, p. 22.

(Ibid, p 56)

(Ibid, p 55)

(ibid, p 54)

"La Estructura del Inconsciente" OC, vol. 7, par

Stein, Murray, *En la Mitad de la Vida: Una Perspectiva Junguiana*, *Publicaciones Kirón, Asheville, 2014, p 38*.

Stein, Murray, *En la Mitad de la Vida: Una Perspectiva Junguiana*, *Kirón, Asheville, p 35*.

(Ibid, p 117)

Stein, Murray, *El Principio de Individuación, Publicaciones Kirón, Asheville, 2015, p iv*

(Ibid, 56)

(Ibid, p 41)

(Ibid, p 56)

Wilmer, Harry, *Understandable Jung: The Personal Side of Jungian Psychology*, Kirón, 2014, p 33.

(Ibid, 109)

[17] Henderson, Joseph, *Sombra y Self, K Kirón, 1990, p 64*.

[18] Wilmer, Harry Practical Jung, p 65

[19] (Ibid, p 67)

[20] Johnson, Robert, *Owning Your Shadow*, Harper Collins, 1993, p4.

[21] Jung, *Recuerdos, Sueños, Pemsamieto*. Vintage, New York, 1965, p88

[22] Wilmer, Harry, *Practical Jung*, Kirón, p 96.

[23] Hannah, Barbara, *Lectures on Jung's Aion*, Kirón, 2008, p 18.

[24] Wilmer, Harry, *Practical Jung*, Kirón, p 109.

[25] Stein, Murray *In Midlife: A Jungian Perspective*, Kiron, Asheville, p 78.

[26] Jung, OC 9, p 103.

[27] (Ibid, p 13-19)

Jung, OC Vol. 9/II. Par. 1.

Jung, OC Vol. 9/II par 11.

[30] Jung, OC Vol. 9/II par

(Ibid, p 17)

Jung, CG. *Desarrollo de la Personalidad*, OC Vol. 29, p 299-300 and Hans Guisan

Jung, CG, *The Question of Psychological Types: The Correspondence of C.G. Jung* and Hans Guisan

Johnson, Robert, *Inner Gold*, Koa Books, 2008.

Stein, Murray, *Principio de Individuación*, Publicaciones Kirón, Asheville, 2015, p 76.

Stein, Murray, *En la Mitad de la Vida: Una Perspectiva Junguiana*, Publicaciones Kirón, Asheville, 2014, p 85-86.

Stein, Murray, *En la Mitad de la Vida: Una Perspectiva Junguiana*, Publicaciones Kirón, Asheville, 2014, p 26.

(Ibid, p 27)

(Ibid, p 33-34)

Stein, Murray, *El Mapa del Alma de Jung*, Open Court, Asheville, p 49.

Stein, Murray, *Principio de Individuación*, Publicaciones Kirón, Asheville, 2015, p 8.

Stein, Murray, *Principio de Individuación*, Publicaciones Kirón, Asheville, 2015, p 9-10.

Otsuka, Y, Face recognition in Infants: A review of behavioural and near- infrared spectroscopic studies, *Japanese Psychological Research*, 2014, Volume 56 N° 1, 76-90

(Ibid)

(Ibid, p xvii)

(Ibid, p 17)

Stein, Murray, *Principio de Individuación*, Publicaciones Kirón, Asheville, 2015, p 4-6.

Stein, Murray, *Principio de Individuación*, Publicaciones Kirón, Asheville, 2015, p 8.

Stein, Murray, *Principio de Individuación*, Publicaciones Kirón, Asheville, 2015, p 9-10.

Otsuka, Y, Face recognition in Infants: A review of behavioural and near- infrared spectroscopic studies, *Japanese Psychological Research*, 2014, Volume 56 N° 1, 76-90

Hollis, James, *The Middle Passage, Inner City, Toronto*, 116.

(Ibid, p 95)

Jung, *El Desarrollo de la Personalidad*, Para 299-300.

Entrevista con Laura London en "Hablando de Jung: Entrevistas con Analistas Junguianos" en respuesta a preguntas planteadas por BTS en relación al Mapa del Alma de Jung, Open Court, Perú IL, 1998.

[55] Stein, Murray, *Principio de Individuación*, Publicaciones Kirón, Asheville, 2015, p 13-15.

[56] Jacoby, Mario, *The Analytic Encounter*, Inner City, Toronto, 1984, p 118.

www.ingramcontent.com/pod-product-compliance
Lightning Source LLC
Chambersburg PA
CBHW022339280326
41934CB00006B/699